AF366018

¡Olvídate de lo urgente!
Enfócate en lo importante
Un diálogo sobre planificación empresarial

¡Olvídate de lo urgente!
Enfócate en lo importante

Un diálogo sobre planificación empresarial

Matías Birrell Rodríguez

Javier Arévalo Jiménez

Colección: Gestiona
Director: David Soler

¡OLVÍDATE DE LO URGENTE! ENFÓCATE EN LO IMPORTANTE.
UN DIÁLOGO SOBRE PLANIFICACIÓN EMPRESARIAL

1.ª edición, Alpha Editorial, SA, Colombia, 2019, ISBN 978-958-778-596-8
2.ª edición, Marge Books, 2023

Edita: Marge Books
Brutau, 160 - 08203 Sabadell (Barcelona)
Tel. 931 429 486 – marge@margebooks.com
www.margebooks.com

Realización editorial (2.ª ed.): Núria Gibert y Mercedes Lara
Impresión: Prodigitalk, SL (Martorell, Barcelona)

ISBN edición impresa: 978-84-19109-34-7
ISBN edición digital: 978-84-19109-35-4
Depósito Legal: B 4530-2023

El papel empleado en este libro no ha sido blanqueado con cloro elemental (Cl_2).

Autores

Matías Birrell Rodríguez

Ingeniero civil de industrias con mención en mecánica, Pontificia Universidad Católica de Chile. MBA con mención finanzas, Universidad de Chile.

Con experiencia profesional como gerente comercial, de operaciones, director de proyectos, director técnico, en varias empresas chilenas.

Con experiencia docente en contabilidad financiera en la Universidad Finis Terrae y en la Universidad Gabriela Mistral y profesor de pregrado y postgrado en temas de teoría de restricciones en la Universidad del Desarrollo, en Chile.

Ha sido relator de seminarios en Asexma y Asimet, y conferenciante en varias versiones de la Conferencia Anual de TOCICO (Theory of constraints international certification organization).

Javier Arévalo Jiménez

Licenciado en Biología de la Universidad Simón Bolívar de Venezuela; Ph.D. de la Universidad de Notre Dame, IN y Post Doc de Texas A&M, TX ambas de Estados Unidos.

Tras varios años de desarrollar investigación en medicina de enfermedades infecciosas, trabajó como científico sénior en desarrollo de productos en Procter & Gamble, luego ejerció la gerencia de desarrollo en las distintas unidades de negocio de la compañía.

Con experiencia docente en cursos y talleres de gerencia y teoría de restricciones en los programas con las universidades Incarnate Word de México, del Pacífico en Perú, Unexpo de Venezuela, ICESI de Colombia, La Sabana de Colombia. Es experto global en teoría de restricciones de Goldratt Group certificado en TOCICO, en todas las disciplinas de la teoría. Actualmente es el director para América Latina.

Ha sido ponente y relator en conferencias de desarrollo empresarial y, emprendimiento en México, Colombia, Ecuador, Perú, Venezuela, Argentina, Uruguay, Costa Rica y conferenciante en la conferencia anual de TOCICO (Theory of constraints international certification organization) y UTAHOPS (Theory of Constraints Global Conference 2017, 2018).

Prefacio

EN LA INTRODUCCIÓN a la primera edición de *La meta* en 1984, el Dr. Goldratt escribió:

> *La meta* es acerca de *nuevos* principios globales de manufactura.

Creemos que la Teoría de restricciones es acerca de *nuevos* principios globales de administrar cualquier organización. El mejor resumen de estos principios está contenido en la introducción que el Dr. Goldratt escribió para un libro que no pudo terminar, con el título *La ciencia de la gerencia*, y (ojalá por mucho tiempo) se puede encontrar en internet:

http://www.youtube.com/watch?v=iFYoPqcTy3Y

Los personajes de este libro son ficticios; sin embargo, reflejan muchas interacciones reales que los autores han experimentado a través de los años, en muchas compañías de varios países. Nuestro encuentro con la Teoría Goldratt y con el mismo Eli Goldratt (no le gustaba que le dijéramos doctor) fue de modo similar. Un amigo cercano y colega en las respectivas compañías en que trabajábamos alrededor de 1996-97, separadamente, nos recomendó leer un libro: *La meta*. Al principio nos aturdió porque iba frontalmente contra la práctica convencional, pero era sabiduría convencional... sentido común. Quedamos enganchados al ver que el libro describía nuestros retos y los problemas que enfrentábamos cada uno en su trabajo de ese momento. Tuvimos la audacia (tal vez siendo ingenuos) de poner los principios de ese libro en práctica a nuestro mejor entender. ¡Funcionó! Más allá de nuestras expectativas, mucho más simple de lo que estábamos acostumbrados. Pocos años después, nosotros, los autores, nos conocimos cuando TOC[1] nos reunió con intereses similares, y tuvimos la increíble fortuna no solo de conocer a Eli, sino que, dado que cada uno por su cuenta había decidido seguir construyendo su carrera y conocimiento, vinimos

---

1   N.A.: TOC: *Theory Of Constraints*, teoría de las restricciones.

a trabajar en forma cercana con él por varios años antes de su falleci-
miento. Esta fue una experiencia que cambia la vida. Recibimos en Eli
a un maestro, un mentor y un amigo.

Este libro es nuestra humilde manera de rendir homenaje a la persona y mentor que tuvimos en Eli, y esperamos que sirva al propósito
de estimular a cualquier persona y a los lectores para embarcarse en un
camino de descubrimiento y mejora. Es un camino desafiante, lleno de
recompensas, uno que conduce a una vida plena de sentido.

La invitación a olvidarse de lo urgente en nuestra vida no está sugiriendo una actitud irresponsable de descuidar temas importantes. Este
libro es acerca de principios muy simples para administrar organiza-
ciones de un modo que permite a los gerentes mantener el control,
evitando el peligro de que lo urgente comande una continua improvi-
sación, con un modo de operación reactivo en vez de uno proactivo,
mucho mejor.

MATÍAS BIRRELL y JAVIER ARÉVALO

¡Olvídate de lo urgente!
Enfócate en lo importante

I. Estoy entre la espada y la pared

ESTA SEMANA HE estado trabajando duro, quedándome tarde en mi escritorio, tratando de avanzar en todos los temas importantes con los que no puedo lidiar cuando estoy rodeado de gente pidiéndome soluciones en muchas y diferentes áreas de la empresa. Sí, soy el jefazo.

Son las 8:30 p.m. del jueves y mirando la lista de mis prioridades, veo que tengo más que cuando vine a la oficina el lunes. Sí, todas son importantes. Y, ahora, parece que muchas de ellas son también urgentes.

Siento como que me ahogara en lo urgente. Realmente intento salir de esto, pero es inevitable que más temas importantes se tornen urgentes a medida que resuelvo los más antiguos. El problema con los temas urgentes es precisamente ese, que son urgentes y requieren atención inmediata. Trato de entender qué significa urgente.

Veamos. Si ignoro aunque sea uno de ellos, las consecuencias futuras son considerablemente negativas. Ese es el significado de importante. Cuando el "futuro" es ahora o ya muy cercano, entonces también es urgente.

Miro de nuevo mi lista. Me gustaría creer que puedo terminar la semana con menos cosas urgentes para hacer. Al menos eso me daría una sensación de productividad. Hoy siento como si hubiera desperdiciado la mayoría de la semana. Sé que debería ocuparme de aspectos importantes de la estrategia, pero solo he podido tocarlos en la superficie, siempre interrumpido por lo urgente. A este paso no terminaré nunca; en otras palabras, nos engañamos a nosotros mismos diciendo que tenemos un plan estratégico para los próximos años.

Reconozco mi habilidad para tomar decisiones rápidas en situaciones difíciles. Sé que otros también me reconocen esa habilidad. Mi posición como Gerente General fue confirmada el mes pasado después de cuatro años. Todos los empleados parecen reconocérmela también, porque siguen viniendo con sus problemas.

Problemas. ¿Entiendo lo que es un problema? Muchas veces no puedo entender por qué alguien viene a mí con esos llamados problemas cuando yo los puedo resolver en un minuto.

Muchas otras veces enfrento problemas reales. Esos que aparecen, los resuelvo, y después de un tiempo, semanas o meses después, aparecen nuevamente. He intentado muchas soluciones, optimizando esto y aquello, pero cualquier decisión que tomo parece crear una fuente para otro problema.

Y mi lista de temas importantes está siempre plagada por lo urgente.

Sé que somos buenos. La compañía ha estado creciendo a un buen ritmo y la rentabilidad es más que aceptable.

Pero también sé que si solo pudiera implementar las buenas ideas que nuestro equipo gerencial tiene para las distintas áreas, la compañía podría hacerlo mucho mejor. No me engaño pensando que esto es suficientemente bueno. No lo es para mí. Es solo cuestión de tiempo antes de que los competidores nos alcancen y hagan lo que hemos estado planificando.

Incluso si no lo hacen, no me gusta trabajar tan duro, robando tiempo a mi familia, por un resultado relativamente bueno. Debe existir una salida. No la veo.

Estoy entre la espada y la pared. Mejor me voy a casa ahora.

II. Demasiado bueno para ser verdad

ES VIERNES POR la mañana. A las 7:00 todavía estoy solo, puedo revisar mis correos pacíficamente. Me pregunto por qué siguen enviando todo ese spam. Algunos de ellos son definitivamente indeseables, más todos los virus, troyanos y estafas.

Hoy hay un correo que capta mi atención, fue reenviado por un amigo cercano. Algunos de esos también califican como spam. Normalmente no les presto atención a esos mensajes que dicen 'no-te-lo-puedes-perder', pero hoy es especialmente irritante. Es como si el autor se riera de mí, como si hubiera podido leer mi mente anoche: "Rv: ¡Olvídate de lo urgente!" Resisto un poco la tentación de abrirlo. Bueno, puedo perder quince segundos.

"Lo urgente tiene solo tres fuentes: mala delegación, o algo importante fue postergado demasiado tiempo, o una sorpresa te pilló poco preparado".

Esto parece demasiado obvio. Debo admitir que hace cinco minutos habría dicho que lo urgente tiene muchas fuentes. Yo lo sé: toda la gente en mi compañía, ¡más de doscientas almas!

De acuerdo, esa afirmación es absolutamente correcta y no era para nada obvia. ¿Será de alguna ayuda ahora para resolver mi problema constante?

"¡Aprende cómo TOC[2] (Teoría de Restricciones) puede ayudar a eliminar las tres fuentes de lo urgente! ¡Permítete enfocarte en lo importante!".

---

2   TOC: *Theory Of Constraints.*

¡Epa, lo sabía! Es solo otro acrónimo de tres letras para vender un libro, un seminario o *coaching*. ¡Eso estuvo cerca!

"Averigua cómo descubrir la causa raíz de todas tus urgencias, todas ellas se derivan del mismo conflicto medular".

¡Listo, suficiente! Tengo trabajo que hacer.

No es tan malo. Hay solo once mensajes reales nuevos, encima de los veintidós que están todavía pendientes. Mi lista tiene solo siete temas más. Creo que priorizarlos (de nuevo) sería el primer paso. Supongo que el asunto más importante es generar suficiente efectivo para pagar las cuentas que vencen esta semana, y después revisar el plan de *marketing* que fue enviado para aprobación, o mejor miro esa propuesta para un nuevo sistema de almacenaje. Me pregunto cuánto tiempo le tomará a finanzas producir esos cálculos que les pedí para decidir los descuentos que dos de nuestros vendedores me están pidiendo.

Por supuesto, todos estos temas me llegan después de un análisis cuidadoso del gerente del área. Aun así, sé por experiencia lo muy sesgado que puede ser un gerente de área, cuidando su silo. Así que no puedo permitirme aprobar decisiones sobre cierto monto sin un análisis apropiado. ¡El diablo siempre está en los detalles!

Cada una de estas cosas requiere tiempo y pensar. A pesar de que me gustaría creer que todos ellos se derivan de una sola causa, no veo cómo eso sería posible en mi caso. Debo admitir que la idea es muy atractiva, solo una causa para todas mis preocupaciones. Si puedo resolverla, ¡eso reduciría mi lista considerablemente!

¿Cuál era el nombre de esa cosa? TOC, teoría de restricciones. Una búsqueda rápida en Google me da más de cuatro millones y medio de resultados. Aparentemente, TOC fue originado hace más de treinta años por un físico israelí, Dr. Eliyahu Goldratt. Así que al menos no es la última moda del mes. Leo más y su libro más famoso es *La meta*. ¿Un físico en negocios? Interesante, podría echarle un vistazo a ese libro alguna vez.

Yo tengo mi MBA y todo mi equipo gerencial también. Miro a mi alrededor y no he oído de ninguna idea brillante que pudiera resolver este círculo vicioso de demorar cosas importantes convirtiéndolas en urgentes, que a su vez demoran más cosas importantes.

No he oído tal afirmación tan audaz en ningún otro curso o seminario de administración del tiempo. Como mucho, ahí se encuentran buenas ideas para priorizar tareas.

Ahora que lo pienso, priorizar solo se necesita cuando no puedo hacer todo dentro de un tiempo razonable. La mayoría de mis tareas no se requieren inmediatamente; de hecho, la mayoría espera varios días, incluso semanas. Entonces, priorizar es la palabra elegante para elegir qué tareas se volverán urgentes o no se harán (estas son las que parecían importantes; sin embargo, no lo eran. Pero cómo saberlo por anticipado).

Sé por qué estoy atrapado en este círculo vicioso. Es porque no puedo ignorar todos los temas pendientes de mi lista. Incluso el artículo "La magia de hacer una cosa a la vez", aparecido recientemente en HBR[3], acerca de la mala multitarea, suena lleno de buenas intenciones pero con muy poca funcionalidad en mi caso. Simplemente no puedo evitar el constante cambio entre tareas porque la urgencia de ellas demanda mi atención inmediata.

¿Qué podrá ser esa única cosa que lo resuelve todo? Suena fantasioso.

Son casi las 7:30 ahora, así que debo terminar algo antes de que el día inicie con el inevitable círculo vicioso.

---

3   HBR: *Harvard Business Review.*

III. Problemas crónicos, callejones sin salida

EL BANCO ESTUVO más que complacido de extendernos una línea de crédito adicional. Resolvimos el problema este mes, pero necesitamos reducir nuestros inventarios que están atrapando tanto efectivo. La última vez que hicimos una reducción de inventario en todas partes, estuvimos cortos en tres materias primas muy pronto. Eso fue suficiente para detener una de nuestras líneas dos días. Fue claro esa vez que la reducción fue mucho más cara que el efectivo recuperado, sin considerar el costo extra de los fletes urgentes de los materiales faltantes.

Esa fue la misma conclusión a la que llegamos cada una de las siete veces en los últimos cinco años cuando nos vimos forzados a reducir inventario para generar efectivo. Ahora es diferente. Con el nuevo sistema de pronósticos que compramos, deberíamos tener mucho más claras las necesidades futuras, así que la reducción de inventario debería ser segura. Al menos eso espero.

Parte del problema es que nuestros almacenes están repletos. En las últimas semanas hemos estado guardando artículos en diferentes lugares, y a veces no los pueden encontrar cuando los necesitan. Es por eso que estamos considerando un nuevo sistema de administración de almacén (WMS[4]).

Todas las propuestas son por paquetes WMS diseñados para centros de distribución para *retail* y enormes cantidades de artículos.

---

4   N.T.: WMS, Warehouse Management System.

Por supuesto que podríamos beneficiarnos al usar tales joyas de la tecnología, pero no a ese precio. Nosotros somos fabricantes. Tenemos dos almacenes, uno para materias primas y otro para productos terminados.

No quiero repetir los mismos errores que cometimos con el ERP. Finalmente nos costó una fortuna, consumió demasiado de nuestro tiempo para implementarlo, y no hemos visto beneficios reales en el balance final después de tres años, a pesar de los beneficios que mostramos en la última presentación a la junta directiva. Para ser sinceros, esas preguntas respecto del impacto en los beneficios o la inversión fueron especialmente irritantes porque yo mismo sabía que no había buenos resultados en el balance final. Aparentemente, a los accionistas no les gustan los resultados blandos.

Volviendo a la reducción de inventario, supongo que sería mucho mejor si el énfasis se pone en los productos terminados. Sé que el nuevo programa de promoción, que es parte del plan de *marketing* que tengo que aprobar, va a necesitar mucho inventario. Bueno, tendrán que conformarse con el 70% de lo que pidieron. Sé cómo es; esas estimaciones contienen un gran colchón de seguridad.

Debemos planificar esta reducción cuidadosamente. No queremos privar de carga a la planta. Nuestro costo de producción subiría y nuestra competitividad sufriría. Mejor me aseguro de que el departamento de ventas incremente los volúmenes, de modo que más productos salgan de nuestro almacén mientras seguimos produciendo a un costo razonable.

Eso no debería ser difícil de hacer. Conozco el nivel de agotados en los puntos de venta. Creo que voy a sugerir (enérgicamente) que nuestro gerente de ventas consiga la ayuda de nuestro gerente de operaciones, para usar el nuevo sistema de pronósticos y aplicarlo a nuestros clientes. De seguro apreciarán un servicio tan innovador y sofisticado. Ahora podríamos realmente ayudarlos a decidir las cantidades por orden. Esto va a ser un golazo.

A los clientes nunca les gustó cuando les sugeríamos cuánto debían comprar en el pasado. Piensan que queremos deshacernos de nuestros excedentes. Sí, queremos, pero resolviendo sus agotados. Espero que el nuevo sistema construya la confianza para que esto funcione en una relación de ganar-ganar. Realmente quiero beneficiarlos, pero no puedo olvidar que también tengo un problema que resolver.

IV. Acción y reacción

DESPUÉS DE TRES semanas, todavía no estoy seguro de la inversión en el nuevo WMS. Los inventarios han disminuido un 15%. Ni siquiera un solo cliente aceptó nuestra oferta de usar nuestro sistema de pronóstico para ayudarles con sus compras. En cambio, varios aceptaron incrementar sus compras por un 5% de descuento. Ahora que hemos desocupado algo el almacén de productos terminados, no veo la necesidad del WMS por el momento. Los descuentos borraron una buena porción de los beneficios previstos; decido que no aprobaré más inversiones por un tiempo si puedo evitarlo.

El plan de *marketing* fue aprobado con un ajuste a la baja en los inventarios solicitados originalmente y con un 10% menos de presupuesto. Sé que necesitamos invertir para crecer, pero también necesito cuidar la operación actual. No quiero estar pidiendo créditos bancarios solo para cubrir campañas de *marketing* bienintencionadas pero no tan seguras.

Hoy recibí el informe de ventas de la semana pasada. Una alarmante declinación del 25% captará mi atención por un tiempo. Mi primera reacción es pensar que esta es una fluctuación normal del mercado. Hemos visto esto antes, pero mi gerente de ventas está preocupado porque este mes pueden fallar en las cuotas por más del 15%.

Intento imaginar cómo se ve para un observador externo, desde tres mil metros de altura. Producimos una amplia gama de productos de consumo masivo, de precios bajos y medios, que almacenamos en nuestro almacén. Nuestros clientes, mayoristas y distribuidores, nos compran cada semana, y les venden a minoristas[5].

Los consumidores vienen a las tiendas y compran nuestros productos. En una cierta tienda, un producto típico se vende con un

---

5   N.T.: *Retailers*, en el original.

patrón altamente fluctuante. Un día es posible vender cinco unidades mientras que otros uno solo, y en otros más de diez. Esto podría explicar las fluctuaciones.

Pero examinándolo más profundamente, imagino que un día cualquiera, una tienda vende una unidad de un producto y otra tienda vende siete del mismo producto. Si considero todas las tiendas que son atendidas por un distribuidor, el promedio diario no debería ser tan fluctuante, porque las cantidades vendidas se promedian. Y si considero todos los distribuidores y mayoristas a los que yo vendo, mi promedio semanal no debería fluctuar mucho. Definitivamente no debería esperar un 25% de caída en una semana. No estamos al final de una temporada, como Navidad.

Esta caída debe haber tenido otras causas. Lo más seguro es que la fuerza de ventas se contentó con el 12% de incremento hace dos semanas y ahora redujeron la presión sobre los clientes. Decido tener una reunión con el gerente comercial para entender mejor y recomendar posibles acciones. Sé que hay espacio para crecer.

Bien, supongo que la reunión de ventas es más importante que discutir la nueva metodología de desarrollo de productos. Voy a posponer esa; no puedo recibir a nadie esta tarde mientras no veamos cómo incrementar las ventas nuevamente.

En realidad, la gente no entiende lo complejo que es este trabajo.

V. ¿Es posible que esté equivocado?

"RICHARD, HOLA. ¡YA no tienes tiempo para tus amigos!".

No pude ignorar de nuevo mi teléfono y contesté la llamada de Bill, mi querido amigo que me envía esos 'sabios mails'. Creo que ya es tarde otra vez, y podríamos relajarnos juntos.

"Hola Bill, ya sabes cómo es, en este trabajo nunca te aburres".

"No me digas que todavía estás trabajando".

"Ok, no lo haré. ¿Qué tal una cerveza en veinte minutos?".

"Hecho".

Una de las cosas que me gustan de conducir tarde desde el trabajo es que el tráfico ya se ha suavizado. Me toma quince minutos estar sentado y pedir dos cervezas y unas alitas de pollo. Conociéndolo, Bill estará aquí en cualquier momento.

Recuerdo cuando estábamos estudiando ingeniería. Bill era un buen estudiante y de vez en cuando nos sorprendía con análisis profundos. Pensé que tendría una buena carrera como ejecutivo en grandes compañías. Sin embargo, pronto conocimos su inclinación por caminos más alternativos; uno podría decir que *underground* lo describe mejor.

Cuando empezó a invertir tiempo en esta cosa llamada TOC, compartimos la misma preocupación con otros dos de sus amigos. Creíamos que era mejor que encontrara un buen trabajo basado en su experiencia previa en puestos ejecutivos, pero Bill decidió que esto era lo que quería hacer. Él afirmaba que con TOC tendría un buen futuro y además podría hacer algo con sentido. Yo entendería lo que quiso decir años después.

El 'buen futuro' no vino por años y su caso fue uno para entender claramente la diferencia entre 'tozudez' y 'perseverancia'. El perseverante tiene un propósito.

Bill llega justo cuando traen las cervezas.

"Gracias, ¿dónde están las tuyas?". Esta broma es tradicional y me río educadamente. Es bueno ver que los amigos siguen siendo niños.

"Hola Bill, es bueno verte en el país".

"Sí, bueno, ya sabes cómo es. Tengo ahora dos semanas sin viajes y puedo disfrutar la familia y tal vez navegar un poco. ¿Qué hay de ti? ¿Recibiste lo que te envié?".

"Por favor, no me vendas ahora, solo quiero disfrutar una cerveza y saber qué ha pasado contigo últimamente".

"No hay problema. Verás, por algunos años he estado haciendo solo lo que me gusta y, mejor todavía, me pagan por ello. Y tengo bastante tiempo cada dos semanas con toda la familia, además de los fines de semana, por supuesto".

"Me alegro por ti. Te tomó tiempo llegar hasta aquí, ahora es justo que lo disfrutes".

"Gracias. ¿Qué me cuentas tú? Espero que todo ande bien en la casa y el trabajo".

"En la casa es lo usual; los niños crecen más rápido de lo esperado. Marcy piensa que trabajo demasiado, yo interpreto su preocupación como una queja por no tener más tiempo juntos. En el trabajo estoy de algún modo contento porque todos parecen estar felices con nuestro desempeño, pero aun así...".

No estoy seguro de si sea buena idea revelarle algo de mi frustración a Bill. Después de todo, no perdería la oportunidad de hacerse el consultor conmigo.

"¿Pero aun así...?".

Bien, desahogarse con un amigo es mucho mejor que con nadie más en el trabajo o en casa.

"Mira Bill, no digo que todo esté perfecto, todos mis amigos en posiciones similares tienen problemas. Pero, ¿no es esa capacidad que tenemos para resolver problemas lo que nos hace valiosos para nuestras compañías?".

Bill levanta su cerveza, lo imito y dice riendo, "Por lo buenos gerentes que pueden hacer malabares mejor que nadie más", y terminamos nuestra cervezas mientras trato de entender qué parte de ese sarcasmo me resultó doloroso.

"¿Qué es entonces? Sé que hay algo que te molesta", dice Bill más seriamente.

"Recibí el mensaje que me reenviaste y admito que estuve

reflexionando acerca de esta situación donde me encuentro hoy. No importa lo duro que lo intente, no puedo evacuar mi lista de urgencias. Y no creo que haya salida. Nadie está diciendo eso, excepto tú y esa teoría TOC".

"¿Así que tú no crees que algo sea posible solo porque la mayoría lo dice? Tú sabes más que eso. ¿Te acuerdas de las leyes de herencia genética que aprendimos en biología básica?".

"Sí. ¿Y qué?".

"Bueno, Mendel propuso su teoría a todos los científicos de su época y fue rechazado o ignorado por la mayoría. Incluso murió antes de que sus leyes fueran aceptadas, y ahora no hay duda acerca de la validez de esas leyes".

"¿Qué estás diciendo? ¿Esta teoría TOC se compara con eso?".

"Bueno, el Dr. Goldratt afirmó haber encontrado la teoría de campo unificado de la gestión. Como en física, una teoría como esa explicaría todas las fuerzas del universo, la cual todavía no se ha encontrado, pero los físicos la consideran la piedra filosofal de su conocimiento".

"Si no me equivoco, la piedra filosofal es un mito". Hay tantas teorías de gestión que cada nuevo inventor piensa que la suya es la panacea. Los seguidores usualmente son peores.

"No te culpo Richard, por cuidar tu tiempo. Solo digo que a lo mejor deberías escuchar un poco más y juzgar por ti mismo. De todos modos, nadie es profeta en su tierra, ¿cierto?".

"¿Qué significa eso?".

"Ok, debería ser obvio, pero lo explicaré. Por los últimos seis años he sido bien recibido y escuchado en cientos de compañías de otros países. Me pagan porque produzco valor real; sé cómo hacerlo. Eso debería ser suficiente para ti, un amigo, para darme un poco de crédito, pero entiendo los prejuicios que puedas tener".

"No seas un bebé, ¿puedes parar de llorar?".

"Buena frase, la podría usar alguna vez. Así que estabas diciendo algo acerca de estar contento pero ¿aun así...?".

"Sí, claro, pero no tenemos tiempo ahora, mejor me voy yendo, fue bueno verte de nuevo y me alegra verte bien, amigo mío. Continuaremos esta conversación, lo prometo".

"Siempre estoy listo para una cerveza, por favor no pierdas mi número".

En el camino de regreso a casa reflexiono sobre lo que me dijo Bill. Puede estar en lo cierto y no estoy considerándolo a él en absoluto para ayudarme con mi problema. Pero si lo animo y finalmente no estoy satisfecho, eso podría dañar nuestra amistad.

VI. Amenazas que "ayudan" al cambio

EL FIN DE trimestre es siempre el mismo cuento. Todo parece ser urgente. Aunque esta vez podría ser diferente. Después del último plan de *marketing*, una gran porción de los inventarios que exitosamente les vendimos a los distribuidores con la promesa de una promoción amplia y fuerte en los puntos de venta, todavía no se vende. Hay presión de los grandes para devolver el exceso.

Ellos lo llaman exceso, ¡pero yo sé que esos productos se venderán alguna vez! La promoción fue amplia, y fuerte, y cara. Y realmente incrementó las ventas, ¡no es mi culpa que no compraran más de los de alta rotación! ¡Los grandes siempre quieren ganar! No puedo permitirme aceptar las devoluciones en grandes volúmenes. A lo mejor podríamos negociar una devolución parcial y solamente con los clientes realmente importantes.

Las ventas crecieron. Si acepto un gran volumen de devoluciones, esa cifra se reducirá en el mismo monto que reconoceremos el incremento de inventarios como activos corrientes. Para el balance no será tan malo… por ahora, hasta que tengamos que darlos de baja o venderlos con grandes descuentos, pero esa no es la preocupación para este trimestre. El verdadero impacto lo recibirá el efectivo disponible, la caja.

Además, si no acepto las devoluciones, muchos de los clientes han declarado que reducirán los volúmenes de compra significativamente los próximos meses. También tengo que cuidar el mediano y largo plazo.

Sí, esta vez podría ser mucho peor que de costumbre. 'De héroe a villano en un segundo'. Qué injusticia. Y para empeorar las cosas, Marcy parece no entender los problemas que tengo aquí y hemos tenido peleas más frecuentes últimamente.

Estoy seguro de que Bill no podría lidiar con tal presión. TOC es probablemente una buena teoría para problemas fáciles, del tipo que la mayoría de las empresas tienen, pero no esta crisis.

Ha pasado un mes completo desde nuestra conversación incompleta frente a las cervezas. Supongo que a menos de que lo intente, no sabré cómo la teoría de Bill podría ayudar. Él parece tan seguro…, puede ser que el beneficio de la duda aplique en este caso.

Es viernes y es muy posible que Bill esté en la ciudad. Un sms bastará.

VII. Una oferta inesperada

"¡RICHARD! ¿CÓMO TE ha ido?".

Esta vez Bill llegó más temprano y pidió las tradicionales dos cervezas y un buen tartar con tostadas.

"He visto días mejores", digo mientras me siento.

"Oye, ¡no seas un bebé!", dice con una amplia sonrisa. Sé que me lo merezco.

"Mira, las últimas semanas han sido especialmente duras y he estado preguntándome cómo esa teoría tuya podría ayudarme. Tengo problemas reales y no quiero arrepentirme de no intentar todo lo que está a la mano". Como Bill demuestra entender, continúo: "¡Sé que lo usual no está funcionando! Lo he intentado y tengo este molesto presentimiento de que se me acaba el tiempo, o al menos que estoy corriendo en círculos".

"¿Así que la situación es tan desesperada que pides mi ayuda?". Bill dice sonriendo como si el sarcasmo pudiera ser menos amargo, al menos para mí. "Solo bromeo, por supuesto que quiero mostrarte las artes de TOC para lidiar con todos esos problemas. Pero ahora relajémonos y hablemos de nuestra próxima navegación".

"Buena idea, necesito aclarar y refrescar mi cabeza. De todos modos, ¿cuándo puedes venir y dar un primer vistazo?". No quiero que Bill bloquee su escaso tiempo en la ciudad sin un compromiso firme ahora que decidí darle una oportunidad.

"Estaré aquí dos semanas, así que hay mucho tiempo para completar un análisis completo. ¿Te parece bien empezar mañana?".

Esa declaración fue sorpresiva. Dudo que todos mis problemas puedan desvanecerse en dos semanas, pero no quiero ofenderlo. "De acuerdo", le digo.

VIII. ¿A qué le temo?

LA MAÑANA ESTÁ nubosa pero tibia. Me siento bien en días como este. Bill llega puntual, como siempre. No trae nada, ni un laptop, ni siquiera un bolígrafo.

"Hola Bill, qué quieres, ¿agua, café, un refresco?".

"Un vaso de agua para mí, gracias".

Vamos por nuestras bebidas nosotros mismos porque los sábados no hay asistentes. De vuelta en la oficina nos sentamos. No quiero empezar sin tratar mi primera preocupación.

"Bill, aprecio que hayas venido esta mañana y sé que yo te lo pedí. Sin embargo, primero quiero expresar una preocupación que tengo".

"Claro, podemos empezar con esa", sonríe.

"Sabes que siempre he sido escéptico acerca de todas las teorías que dicen resolverlo todo, así que quiero ser directo al decirte que deseo tener la libertad de parar esto y tú no te ofenderás. ¿Estás de acuerdo?".

Bill se levanta. No pensé que fuera tan sensible como para abandonar por tan poca cosa. Pero toma un marcador y va a la pizarra.

"Así que quieres proteger nuestra amistad y resolver tus problemas, ambos al mismo tiempo, ¿estás de acuerdo?", dice, mientras escribe estas dos frases una debajo de la otra y pone una B y una C.

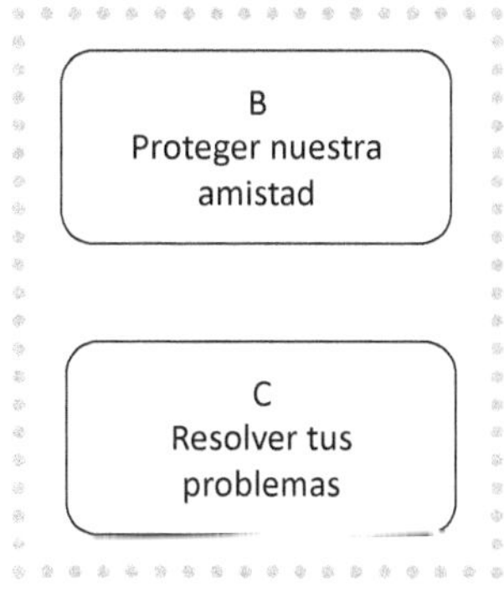

"¿Sí?". No tengo idea adónde va esto, pero le prometí cooperar.

Él dibuja tres casillas más con letras en cada una y lee en voz alta.

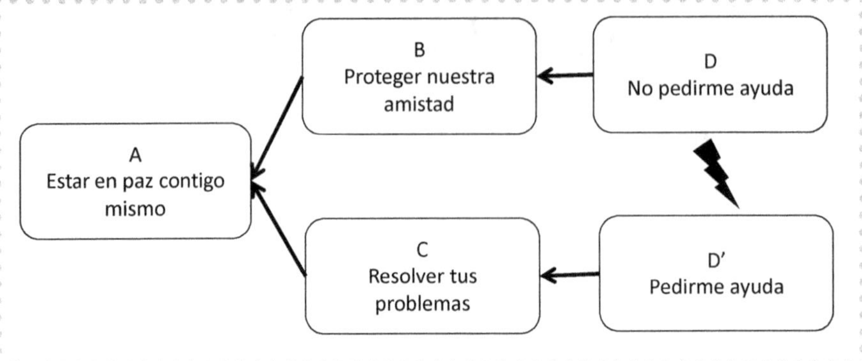

"Por un lado, para estar en paz contigo mismo, necesitas proteger nuestra amistad; y para proteger nuestra amistad, es necesario que no me pidas ayuda. ¿Tiene sentido?".

"Pues, sí, aunque tal vez yo hubiese escogido otras palabras".

Él ignora mi comentario y continúa. "Por otro lado, para estar en paz contigo mismo, tú necesitas poder resolver tus problemas; y para resolver tus problemas, es necesario que me pidas ayuda. ¿Está este diagrama expresando a lo que le temes?".

"Yo no le temo a nada", le respondo instintivamente.

"Okey, algo te está molestando. ¿Está esto cerca al menos?".

"Sí, yo diría que está bien dicho, pero entiende que tengo mis razones para ser reticente". No lo quiero ofender ahora que recién estamos empezando.

"Lo entiendo completamente, Richard. ¿Te das cuenta de que me he puesto en tus zapatos y veo el conflicto en el que estás atrapado?".

"¿Qué conflicto? Yo estaba reacio". No me gustan las palabras que Bill está utilizando: miedo, conflicto, como si yo no pudiera manejar mis propios problemas. Yo estoy en este cargo porque he demostrado mis habilidades, y me ha ido bien. Estos miedos y conflictos no tienen nada que ver... Yo sé cómo tomar decisiones..., Yo sé cómo resolver conflictos... Yo no tengo miedo... Ahora me siento un poco molesto. Voy a permitir que esto siga adelante por un rato más, pero estoy viendo con tristeza que mis sospechas eran correctas. Ahora me toca aguantarme a Bill por lo menos durante la mañana para no generar un conflicto.

"Richard, lo que acabo de describir es una muy buena definición de tu preocupación, ¿cierto?"..

"Sí, pero...".

"Por favor, déjame terminar". Debo admitir que siento curiosidad. Me quedo callado.

"El diagrama que te acabo de mostrar es lo que nosotros, en TOC, llamamos la 'nube de conflicto', es un diagrama lógico que nos ayuda a poner en blanco y negro la definición del problema. ¿Habrías definido tu incomodidad con esta primera conversación de otra forma, en otros términos?".

"Yo no estoy acostumbrado a diagramas complejos para expresar cosas simples. Ya te dije cuál era mi preocupación; eso es todo". Debo admitir que algo tiene de razón. Antes del diagrama, yo solo tenía una sensación de incomodidad, pero ahora es claro. "Pues sí, veo que el problema está bien definido, apropiadamente".

"Richard, yo entiendo el esfuerzo que hacer este ejercicio puede representarte, y lo aprecio. Por favor, ten en cuenta que una solución es necesaria solo cuando existe un problema. ¿Te parece si seguimos?".

"Seguro, y ahora que has definido el problema, entonces, ¿cómo procedes?, ¿una lluvia de ideas?". Sugiero, tratando de anticiparme al próximo paso.

"¡No, por favor!", se ríe, "ahora debemos proceder sistemáticamente".

Toma un poco de agua y vuelve al pizarrón.

"Vamos a utilizar este ejemplo para ilustrar el proceso y más adelante podremos entonces decidir si queremos continuar con tus verdaderos problemas".

"Por mí está bien".

"Ahora debemos entender por qué afirmamos que existe una relación de necesidad entre los elementos que se encuentran conectados por las flechas. Por ejemplo, podemos preguntarnos ¿por qué pensamos que para estar en paz contigo mismo es necesario que se proteja nuestra amistad?".

"Esto es obvio. Yo prefiero andar enredado que herir a un amigo. Después de todo, esto es solo un trabajo".

"Bien, gracias por eso. Lo que acabas de decir es cercano a un supuesto. Permíteme parafrasearlo: 'porque nuestra amistad es significativa para ti'".

Me río y digo, "Por supuesto, eres la única persona en la que puedo confiar que mantendrá mi reserva de Jack Daniels repleta cada semestre".

"De la casilla A a la C es similar. Para estar en paz contigo mismo necesitas resolver tus problemas porque…"

"… Porque de lo contrario mi trabajo se pone en riesgo".

"Bien, estas son usualmente relaciones sólidas y fuertes, AB y AC. Ahora revelemos algunos otros de los supuestos".

Creo que le estoy tomando el pulso. "Déjame intentar con BD. Para proteger nuestra amistad, yo no debo pedir tu ayuda porque tú tomarás cualquier crítica a tu trabajo como una ofensa".

"¡Muy bien! Pero te das cuenta de que ya no hay razón para criticar mi trabajo", se ríe. "En serio, sí, esta es la misma razón que yo también pensé. ¿Y CD'?".

"Para resolver mis problemas, es necesario que pida tu ayuda porque… ¡Estoy desesperado!". Ambos soltamos la carcajada.

"Más bien yo diría, porque tal vez TOC puede ayudar y no hay problema en probar por un tiempo", dice Bill.

"Correcto, ¿y ahora?".

"Si tú puedes invalidar de alguna forma cualquiera de los supuestos, entonces la flecha se rompe y el conflicto desaparece, se evapora, es eliminado", lo dice mientras hace un pase de su mano como el mago cuando hace su magia.

"Okey, Es cuestión de tiempo hasta que se invalide CD', ¿correcto?". Estoy relajado y finalmente puedo ver cómo esta cosa puede funcionar.

"Yo prefiero ofrecerte la opción de que puedes detener el trabajo en cualquier momento y que yo no me voy a ofender, ¿te parece bien?".

"Perfecto, ahora puedo ver cómo esto realmente elimina mi principal preocupación, que no se dañe nuestra relación. ¿Estás seguro de lo que acabas de ofrecer? Vamos a tomarnos un par de cappuccinos y así podemos empezar con el verdadero reto". Me siento energizado.

IX. Yo, el bombero pirómano

QUISIERA QUE COMENCEMOS con uno de los problemas frecuentes e irritantes, que no es el más importante. Si Bill puede mostrarme cómo resolverlo, me voy a sentir mucho más inclinado a dedicarles tiempo a estos ejercicios de lógica.

"Bill, antes de que comencemos por los problemas del negocio, me gustaría discutir primero algo que tal vez podrías considerar irrelevante. Yo no puedo entender por qué muy frecuentemente las personas llegan a mí con problemas muy fáciles de resolver. ¿Por qué no lo resuelven ellos mismos, en lugar de venir a distraerme?".

"Richard, esto no tiene nada de irrelevante, es una de las cosas que Goldratt denominó 'los motores de la discordia'".

"Por favor, no empecemos con la jerga", me burlo medio en serio.

"Cierto, mejor es si tú me das un ejemplo y arrancamos de ese punto".

"Está fácil. Ayer tuve que llamar a uno de nuestros clientes más importantes para informarle que haríamos un cambio en la lista de materiales de su pedido, algo que no significa un problema de calidad, todo lo contrario. El caso es que se nos agotó ese material específico de su pedido, y nos tomará dos semanas reabastecer, mientras que podemos ahora mismo sustituirlo con una alternativa mejor y la tenemos disponible ya. Yo estoy dispuesto a incrementar nuestro costo un poco, sin subirle el precio, para asegurar que entregamos su pedido a tiempo. De paso, te comento que el cliente estuvo muy complacido".

"Okey, lo primero es verbalizar el hecho que te irrita o molesta. Hay algunas reglas que seguir: debe ser una frase completa y en tiempo presente, describiendo el hecho, sin una explicación y sin culpar".

"Bien, veamos, el gerente comercial no tiene un buen proceso para manejar estos problemas. Estoy cansado de decirle que construya un proceso, pero estas cosas me siguen llegando cuando él no está disponible".

"Es decir que él no estaba disponible y alguien de producción quería dar inicio a la orden pero necesitaba permiso para sustituir el material".

"Exacto, no entiendo por qué no pueden resolver esto sin tener que involucrarme".

"Primero, necesitamos el hecho que te molesta".

"Ya te lo mencioné. El gerente comercial no tiene un proceso adecuado para manejar las contingencias".

"Está bien Richard, yo estoy aquí para ayudar con el proceso. Lo primero, estás señalando a otra persona como responsable del problema, eso es culpar. Segundo, tu afirmación no es el problema, lo que estás mencionando es la falta de la solución que tú tienes en mente. Debes pensar más bien sobre el hecho que te molesta, no sobre lo que tú crees es la solución. Inténtalo de nuevo".

¡Me arrepiento! ¡Me arrepiento! Tal vez esto no fue una buena idea después de todo. "El hecho es que yo tuve que invertir veinte minutos en algo que otra persona podía resolver. Eso es un hecho, ¿no?".

"Sí, eso es un hecho. Vamos a parafrasearlo de tal forma que nos sea útil. Dime qué te parece lo siguiente: 'Frecuentemente debo utilizar mi tiempo para resolver problemas que otros pueden resolver', ¿representa esta frase lo que te molesta en general de toda la situación?".

"Pues sí, cuando no es un material, es un embarque urgente, o el permiso para trabajar horas extras. No me gusta estar de niñera de las personas en la empresa".

"Okey, el primer paso del proceso está listo, tú has declarado cuál es el hecho. En TOC llamamos a cada uno de estos hechos Efecto Indeseable o EIDE, porque creemos que no es un hecho inevitable de la realidad, sino más bien un síntoma de algo más profundo, la causa. Y la causa para un EIDE es siempre un conflicto, tal y como la nube que utilizamos anteriormente. Ahora, lo que necesitamos hacer es construir la nube que nos permita definir claramente el conflicto que hace que este hecho se haga real para ti y te genere la úlcera que estamos tratando en este instante, ¿no es así?".

"Entonces dibujamos las cinco casillas con las flechas y escribimos en ellas, ¿eso es todo?".

"Sé que suena fácil, pero lo simple rara vez es fácil. El paso siguiente es responder a la pregunta: ¿Qué se daña por la existencia de este hecho? En otras palabras, lo que te molesta es que necesitas algo que no puedes tener debido a este hecho".

"¿Qué, no es obvio? Lo que necesito es no andar desperdiciando mi tiempo".

Bill se mueve a la pizarra y escribe:

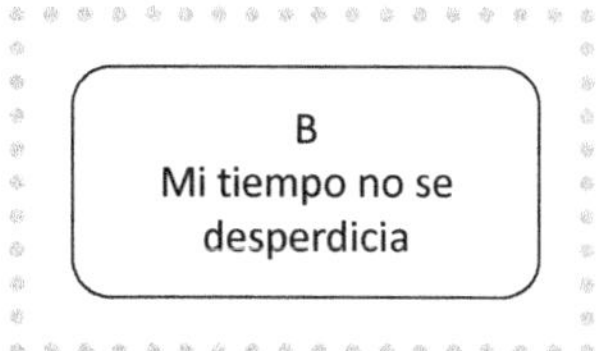

"Suficientemente bueno. El segundo paso es responder a la pregunta: ¿Qué acción puede satisfacer esta necesidad? ¿Qué es lo que quieres hacer para evitar estas interrupciones?".

"Ya te lo dije; que el gerente comercial tenga un proceso".

"Tú no puedes tomar esa medida, ¿cierto? ¿Qué es lo que puedes hacer?".

"Tal vez le puedo decir al tipo de producción que espere al gerente comercial".

"O dicho de otra forma, negarle la ayuda, dejemos que otros lo resuelvan".

"Eso mismo, pero no puedo hacer eso".

Bill escribe en la pizarra:

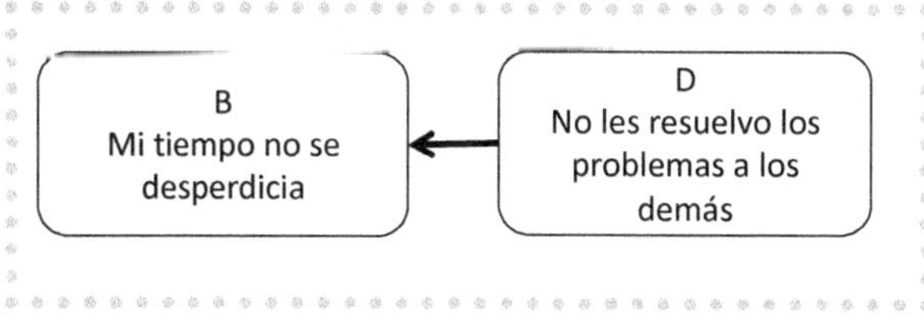

"Esto nos lleva al paso siguiente, responder a la pregunta: ¿Qué otra cosa se daña cuando tomamos esta medida continuamente?".

"No puedo hacer eso indefinidamente porque debemos prestar un buen servicio, de otra manera perderemos nuestra participación de mercado y con el tiempo hasta podemos quebrar".

Bill escribe:

"Date cuenta de que he añadido D' inmediatamente porque en este caso es obvio que intervienes en la resolución para dar buen servicio. El último paso es entender cuál es el objetivo que no se podrá

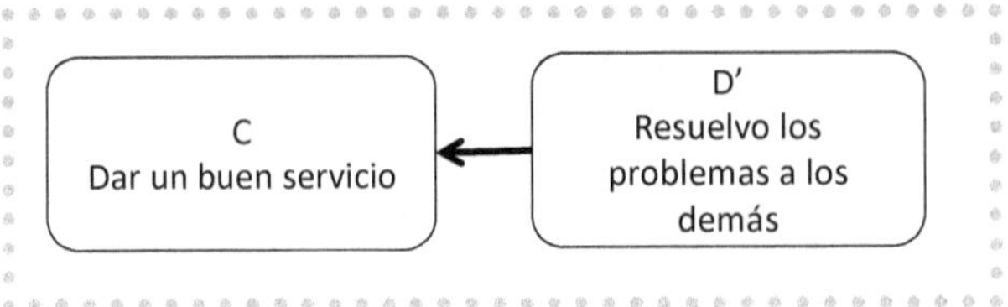

cumplir si no se pueden lograr satisfacer una o ambas necesidades descritas en B y C. O preguntando: ¿Por qué es tan importante para ti satisfacer ambas necesidades?".

Yo miro las necesidades a medida que Bill las va mencionando; es obvio que un buen servicio es necesario para tener ventas y crecimiento en la compañía. No desperdiciar mi tiempo me hace pensar en el rol de la gerencia. ¿No es acaso tomar decisiones? Tal vez no estoy desperdiciando mi tiempo cuando estoy resolviendo problemas.

"Vamos Richard, di algo. ¿Qué es lo que no puedes lograr si no satisfaces ambas necesidades al mismo tiempo? Veo que estás en una reflexión profunda. Háblame".

"Estoy preguntándome si es o no una pérdida de mi tiempo cuando resuelvo problemas".

"¿Cierto que es una buena pregunta? Yo tengo otra relacionada con esa misma. Si tú puedes resolver todo, ¿para qué necesitas más gerentes?".

"Tienes razón. Necesito tiempo para administrar la compañía, no cada pequeño detalle. Por eso es que necesitamos una organización, una persona no puede hacer todo sola. Okey, ahora lo tengo claro. El objetivo es tener una compañía próspera, el cual abarca tanto la operación actual como el crecimiento futuro. Para eso necesito tiempo para pensar y ejecutar planes bien pensados sin dejar de lado la operación actual". (ver ilustración pp siguiente)

"Me gusta tu definición", dice Bill mientras termina la nube. "Ahora debemos leerla en voz alta para ver si tiene sentido para ti. ¿Te acuerdas cómo lo hicimos?".

Apenas me acuerdo. "Por un lado, yo no quiero resolver los problemas de otros porque...".

"Espera", me interrumpe Bill, "es importante leerla correctamente para ver hasta qué punto esto se te hace obvio o no. Recuerda leer de izquierda a derecha y mostrando claramente las relaciones de necesidad que indican las flechas. Para tener A es necesario tener B, y así sucesivamente. Dale, inténtalo".

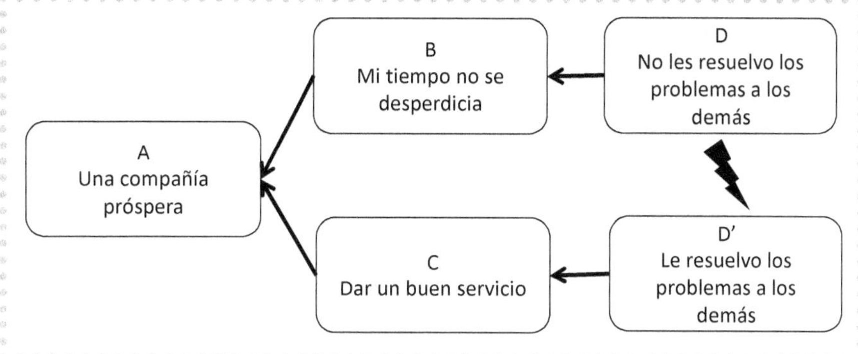

Me siento como si estuviese nuevamente en primaria, pero Bill es el experto, voy a jugar su juego. "Por una parte, para tener una compañía próspera, es necesario que mi tiempo no se desperdicie. Para que mi tiempo no se desperdicie, es necesario que yo no resuelva los problemas de otros". Se ve lógico.

"Por otra parte, para tener una compañía próspera, es necesario dar un buen servicio. Para dar un buen servicio es necesario resolver los problemas de otros". Estoy empezando a tener esa sensación molesta cuando se me interrumpe con las emergencias porque alguien no está haciendo su trabajo.

"¿Tiene sentido esto para ti?". Bill me observa como si tratara de leerme la mente.

"Verás, sí, pero ahora no puedo evitar pensar que alguien no está haciendo su trabajo".

"¿Recuerdas lo que te dije sobre culpar? Siempre que te sientas impulsado a culpar a alguien, piensa una vez más. ¿Por qué piensas que estas personas recurren a ti con sus problemas? ¿Porque les encanta molestarte? Más aún, ¿para mostrarte lo incompetentes que son?". Yo sé que a Bill le gusta el sarcasmo cuando quiere enfatizar un punto. Yo le sonrío amablemente.

"Espero que ninguna de estas. ¿Entonces por qué?".

"Richard, ¿no te das cuenta de que a nadie le gusta venir a ti con sus problemas, sabiendo lo muy ocupado que estás? La única razón por la que lo hacen es que ellos tienen que rendir cuentas por su trabajo, y quieren que se haga. Esto es lo opuesto de incompetencia; al menos muestran un alto nivel de responsabilidad. Entonces, piénsalo nuevamente, y para eso te voy a mostrar el próximo paso del análisis".

Ahora sí ya me confundí. Yo pensé que tenía un muy buen

entendimiento de lo que estaba sucediendo y cuál debía ser la solución. Ahora no está tan claro y Bill tiene un punto; no puedo decir que ninguna de nuestra gente es incompetente o negligente.

"Después de construir la nube y definir el problema, el paso próximo es verbalizar los supuestos y ver cómo podemos invalidar alguno de ellos".

"Espera, espera, vas muy rápido. ¿Cómo es que esta nube define el problema?". Necesito más claridad.

"¿Qué define un problema? Yo digo que existe un problema cuando hay hechos de la realidad que son indeseables y difíciles de eliminar. Estas dos características, lo inconveniente y su dificultad para eliminarlos, define un problema. ¿Estás de acuerdo?".

Lo pienso por un momento, es realmente simple. "Entonces si lo puedo resolver fácilmente, no es un verdadero problema; okey, me gusta. Eso es exactamente lo que no me gusta de esta nube en particular; porque las cosas que yo puedo resolver muy fácilmente, no pueden ser resueltas por los responsables directos".

"No apures conclusiones todavía. Quiero dejar claro que esta no es una forma de definir un problema, es la única forma. Y la nube es la herramienta para hacerlo. Tú ya viste el proceso, es simple pero no fácil".

"No pierdas la calma; yo pienso que es fácil ahora". Bill se ríe y dice, "Okey, Mr. Evaporador de Nubes, veamos qué puedes hacer con lo que sigue. Ahora quiero que pongamos nuestra atención sobre los supuestos".

"Los supuestos son los elementos que sostienen la lógica de nuestros argumentos. Por ejemplo, cuando tú dices que es necesario no desperdiciar tu tiempo para poder tener una compañía próspera, tú estás asumiendo algo. ¿Me puedes compartir qué es?".

"Como te dije antes. Yo no puedo hacer todo en la compañía y necesito un equipo. Además de las operaciones diarias, alguien tiene que pensar acerca del futuro. Se supone que los gerentes de área y yo debemos hacer eso. Yo no puedo hacerlo, y ellos menos, si estamos siendo interrumpidos con pequeñeces tan a menudo".

"Lo que acabas de decir es profundo. Permíteme elaborar un poco sobre esto". Bill toma una botella de agua del minibar y bebe un sorbo largo antes de hablar nuevamente.

"TOC o la teoría de restricciones se trata de la simplicidad, como la estás experimentando ahora. TOC dice que cada sistema tiene una meta, y no puede entregar más unidades de su meta que las que le permite el elemento con más restricción que tenga. Es como una cadena que no puede resistir más que lo que resiste su eslabón más débil".

Esto es de sentido común, pero Bill parece estar diciendo algo importante. Me quedo callado.

"Una compañía es una forma particular de sistema, es una organización cuya meta es hacer dinero, junto con otras dos condiciones: satisfacer tanto a empleados como al mercado".

"Un momentico, antes de que objetes, permíteme completar un poco más mi explicación. Tú necesitas que el mercado compre lo que haces para obtener dinero, y para producirlo necesitas la colaboración de tus empleados. Aquí incluyo además a los proveedores, quienes te permiten tener materiales para producir, y el ambiente para ser sostenible".

"Pues tiene sentido", digo, esto ya no es nuevo. Cada vez es más frecuente escuchar el mismo discurso acerca de la responsabilidad social de las compañías. Bill lo expresó de manera más simple y me gusta más, porque muestra que eso que llamamos responsabilidad social no es otra cosa que una condición para poder tener un buen negocio en el largo plazo, no la supuesta caridad que algunos entienden y predican del concepto.

"Entonces, como cualquier sistema, una compañía tiene una restricción que le impide generar más unidades de su meta global prevista".

"¿Te refieres a capacidad limitada o una participación de mercado insuficiente?". Ahora sí me está interesando esto.

"Sí, estos son cuellos de botella temporales en la vida de la compañía. Con el efectivo suficiente puedes aumentar o expandir estos dos. Pero muchos años después de desarrollar TOC, Goldratt llegó a la conclusión de que la restricción última de cualquier organización es la atención gerencial". Bill bebe más agua y, mientras tanto, yo reflexiono acerca de lo que acaba de decir.

"¿Estás diciendo que teniendo más atención gerencial esta compañía podría generar más beneficios?".

"La atención gerencial es limitada. Lo que digo es que mientras la atención gerencial se desperdicie, la compañía no puede prosperar".

Siento un pinchazo en el estómago. No soy yo nada más, es todo el equipo que desperdicia tiempo día tras día tras día. ¡Y es tan dolorosamente obvio! Siempre supe que si solo pudiera dedicarles más tiempo a los problemas estratégicos, importantes, la compañía estaría haciéndolo mucho mejor. ¡Maldita sea! Ya no me preocupa el estar dedicando este tiempo con Bill o a este tipo de temas.

"Entonces déjame ver, lo que estás diciendo es que ¡este aparentemente pequeño tema de resolver los problemas de otros está matando a la compañía!". No puedo creerlo, ¿qué estoy diciendo?

"No seas tan dramático, Richard, tu compañía lo está haciendo bien. Me imagino que tú no estás contento, pero el mercado reconoce un buen valor y los accionistas no parecen tener queja alguna".

"¡Es cierto, pero a qué costo! Todo mi equipo trabaja largas horas y no parece que estuviéramos marcando una diferencia, por lo menos no una significativa, siempre estamos de regreso sobre los mismos rollos cada trimestre, los mismos problemas".

"Okey, suficientes lamentos infantiles", dice Bill con una sonrisa, "el supuesto en AB es sólido. Vamos a centrar nuestra atención sobre la flecha que más te molesta".

"Después de estos últimos cinco minutos odio estar forzado a tener que resolver todos esos problemas, desperdiciando mi valioso tiempo".

"Okey, preguntémonos, ¿por qué afirmamos que es necesario resolver los problemas de otros para dar un buen servicio?".

"Esa está fácil; porque no pueden resolver el problema ellos solos".

Bill escribe en la pizarra:

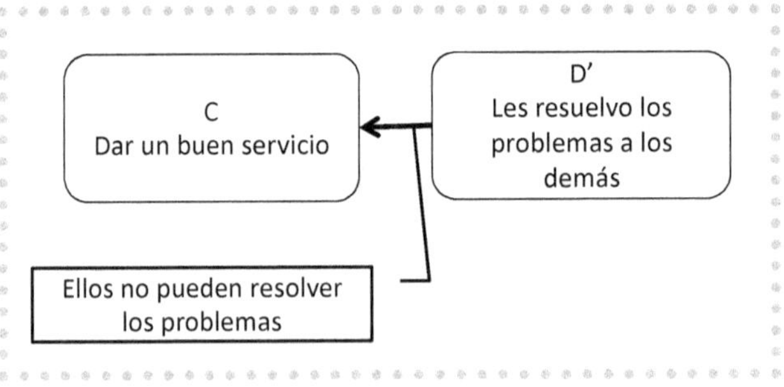

"Necesitamos más claridad, Richard. ¿Quieres decir que ellos no saben cómo resolver los problemas?".

"Muy poco probable, es un problema simple, saben qué hacer, pero no pueden porque en estas excepciones necesitan hablar con los clientes y las personas de producción no están autorizados a llamar a los clientes. Entiendes el caos que se generaría si dejamos que cualquiera se ponga a llamar a los clientes por cualquier tontería".

"Entiendo, ¿me permites que parafrasee?". Bill es muy cuidadoso con las palabras.

"En mi opinión, el supuesto es 'existe una desalineación entre la responsabilidad y la autoridad'. Esto explica no solo este caso, sino que muy probablemente cualquier otro caso donde los gerentes reciben la solicitud de sus subordinados para intervenir y resolver los problemas por los que tienen responsabilidad, pero sobre los cuales no pueden tomar las acciones requeridas. ¿Tiene sentido esto, te suena?".

¡Maldición! Otra vez, es tan simple y claro. ¿Dónde está el truco? "Bueno, yo entiendo lo que dices, pero estarás de acuerdo conmigo que la autoridad debe tener sus límites".

"Por supuesto que estoy de acuerdo. ¿Estás tú de acuerdo que mientras existan estas desalineaciones, tú vas a continuar recibiendo todo este trabajo extra?".

"Ahora que lo pienso, mis gerentes de área, y especialmente el comercial, son los que reciben la mayoría de las interrupciones. Con razón no están dispuestos a discutir las ideas estratégicas. La realidad es que no tienen el tiempo".

"Entonces sería una buena idea si todos podéis corregir todas estas desalineaciones, ¿correcto?".

"Sí, pero son muchas y muy diferentes entre sí".

"Claro, Richard, pero todas ellas tienen en común el elemento de la desalineación, la cual puede describirse con una nube".

"Entonces, ¿podemos utilizar una nube para detectar la desalineación cuando aparezca y ver cómo podemos invalidar el supuesto?". Creo que ya lo entiendo.

"Exacto. Usualmente, el supuesto en estos casos de desalineación entre la autoridad y la responsabilidad se debe a una política de la compañía. Se podría utilizar este proceso para detectar qué parte de la política debe ser cambiada". Tras una breve pausa, Bill continúa, "Tú me lo acabas de decir, no podemos permitir que cualquiera llame al cliente por cualquier tontera, esto es una política".

"¡Lo sabía, sabía que era un proceso que nos faltaba!", digo con una gran sonrisa.

"Richard, amigo, siempre es una falta de proceso. El problema es que muchas veces los procesos son diseñados de tal forma que la cura resulta peor que la enfermedad. Este es a la vez simple y efectivo. Sugiero que lo practiques y luego se lo enseñes a tus gerentes, para que cada uno pueda cambiar las políticas que están restringiendo a la compañía. Te voy a enviar un artículo[6] que Goldratt escribió para explicar el procedimiento. Te recomiendo que guardes una copia para que te sirva de apoyo en el futuro".

"¿Las políticas son restricciones?". Ahora sí Bill me está confundiendo un poco.

"En nuestra experiencia de muchos años y miles de compañías, existen, en promedio, alrededor de unas siete desalineaciones por cada nivel jerárquico. Las políticas existen por una buena razón que proviene del pasado. La inercia lleva a que las políticas que no se actualizan puedan bloquear a la organización, restringiéndola, creando una fuente de discordia, desperdiciando el tiempo y atención tuyas y de tus gerentes".

"Tiene sentido. Nosotros hemos discutido internamente algunos casos que resultan grotescos, pero nadie se ha tomado el tiempo de revisarlos sistemáticamente".

"¿Has notado cuántas emergencias y urgencias que te interrumpen provienen de estas desalineaciones?".

"Claro, no es la causa de la mayoría, pero es significativo. Eliminando la causa definitivamente va a liberar una gran porción de mi tiempo".

"Esta es una de las maneras en las que TOC elimina las causas de lo urgente".

"Ahora puedo ver a lo que te referías con ese email tuyo. Pero hay otras cosas urgentes que no se derivan de esta causa. ¿Qué otros trucos tienes en ese sombrero tuyo?". Estoy utilizando este impulso con la esperanza de que una promesa de más magia como esta pueda ser posible.

"Sin duda, sin embargo es suficiente por hoy. Te propongo que nos reunamos nuevamente para revisar y discutir otra de las fuentes de lo urgente, y cómo eliminarla. Para eso, voy a necesitar que hagas algo de tarea. ¿Te acuerdas de la canción? *Relax, I need some information first; just the basic facts, can you show me where it hurts?"*.[7]

---

6 "Empowerment", artículo del Dr. Eliyahu Goldratt, disponible en varios sitios en internet.

7 N.T.: Letra de *Comfortably Numb* (*Cómodamente adormecido*),

A quién se le puede olvidar Pink Floyd. "Solo espero que no nos pongamos cómodamente adormecidos al final".

"¿Por qué, te sientes incómodo ahora?", dice Bill con una carcajada. "Lo que necesito es una lista de Efectos Indeseables, EIDE, de las diferentes áreas de la compañía".

"Okey, ¿cuándo podemos hacer la próxima sesión?".

"¿Te parece el próximo jueves? Necesitamos por lo menos unas tres horas".

"¡Tres horas!, yo no puedo ese día, pero el viernes en la tarde puedo, ese día está bien para mí y podemos terminar con cervezas".

"Tú sí sabes cómo venderlo. Hecho, nos vemos el próximo viernes".

---

canción de Pink Floyd: "Relájate, primero necesito algo de información; solo los hechos básicos. ¿Me puedes mostrar dónde duele?".

X. Causa y efecto, directo a la raíz

ESTA SEMANA PRACTIQUÉ lo que estuvimos revisando con Bill en nuestra última sesión. Siguiendo las instrucciones en el artículo y un par de consejos que Bill me dio cuando hablamos por Skype, ya tuve éxito cambiando un par de políticas. Fue tan obvio en retrospectiva, que me dio hasta vergüenza. Espero que podamos disfrutar de los efectos de este cambio.

Este viernes comenzó con más problemas de lo usual. Estoy tentado a posponer la reunión con Bill para poder atender los problemas más urgentes. Él debe estar por llegar en una hora. Pido una ensalada y un refresco, comienzo una lista de los problemas, tratando de escribirlos como efectos indeseables, los EIDE.

El almuerzo fue ligero y la lista corta. Yo estaba seguro de que sería mucho más larga. Ya habiendo escrito todos los problemas más urgentes, la lista estaba compuesta por solo tres, la completé con todas las cosas que me estaban preocupando en estos días. Seguía siendo corta, con solo doce temas.

La experiencia del último encuentro me mostró que el proceso puede tomar un tiempo, por lo que no esperaba poder discutir más que los primeros tres en esta tarde, pero es bueno tener los demás definidos por si acaso.

Suena el teléfono exactamente dos minutos antes de nuestra reunión. "¿Quién? Sí, hágalo pasar por favor".

"Hola Richard, ¿estás listo para finalizar la semana pensando?".

"Seguro que sí, y ya hice mi tarea de armar la lista de los EIDE", comento mientras le paso mi lista.

"¡Fantástico!, entonces tenemos muy buen material para trabajar".

"Como puedes ver, escribí doce EIDE, pero los tres primeros son realmente los que más me importan en este momento. Yo sé que no podemos verlos todos hoy mismo. Ya te aprendí algo; así que vamos a ir sistemáticamente resolviendo uno por uno, ¿correcto?".

"Richard, me gusta como lo has expresado. Vamos a realizar todo el trabajo de forma sistemática. Sin embargo, pienso que recibirás una agradable sorpresa".

"¿A qué te refieres? ¿Tienes un truco para hacer el trabajo más rápido?". Si eso es posible, Bill tiene razón; me encantaría.

"No, no es más rápido, Richard, pero puede tomar menos tiempo del que estás pensando".

Espero mientras Bill explica este acertijo; más corto pero no más rápido. Francamente, no me importa cuál de los dos se dé, mientras podamos resolver todo rápido.

"Mira, uno de los pilares de TOC es la creencia en la simplicidad inherente que se esconde en la base de toda organización. Esto significa que todos los EIDE que has definido, estos efectos indeseables, son exactamente eso, efectos, que se derivan de una sola causa raíz".

"¿Estás diciendo entonces que estos doce problemas son efectos de una sola causa? ¿Y que al encontrar esa causa, y resolverla, todos los problemas quedan resueltos?". Eso está difícil de creer. Todo el mundo está hablando de soluciones distintas para cada problema en las diferentes áreas. Por ejemplo, en logística hay soluciones para mejorar el pronóstico y sistemas para mejorar el manejo del almacén, y algoritmos más sofisticados para calcular las rutas de los camiones. En ventas he visto muchas técnicas y métodos para manejar objeciones, o para realizar ventas a través de preguntas que revelan necesidades. En mercadotecnia existen muchas otras formas distintas. Y producción, es un mundo en sí mismo, con todas las técnicas de mejoramiento continuo, control de calidad, TPM, Lean. ¿Cómo es que Bill está diciendo que él puede encontrar una sola causa para todos los problemas en mi compañía? ¿Será esto a lo que se refirió cuando habló de la 'teoría unificada de la gerencia'?

"Richard, ¿por dónde andas volando, mi cuate?". Dice revelando sus frecuentes viajes a México.

"Estaba pensando".

"¿Y en qué abismos te estabas hundiendo?", dice con una mueca, pero adivino que sabe dónde estoy.

"¿Hablas en serio cuando dices que encontrarás una sola causa raíz para los doce problemas de mi lista? Provienen de áreas muy distintas de la compañía. Yo pensé que al dividir la torta en porciones más pequeñas, se hace más fácil de comer".

"Dime, ¿has tenido la experiencia de tomar una medida en un área y haber afectado otras?".

"Sí, claro, yo no estoy diciendo que sean completamente independientes. Yo solo estaba diciendo que…". Bill levanta la mano y yo espero.

"Richard, aguanta un minuto más por favor. Todas las áreas de tu compañía son partes de un mismo conjunto, un todo. Yo diría que más bien sería una sorpresa si las medidas en un área no impactaran otra".

"Sí, de acuerdo, pero necesitamos dividir la organización para poderla manejar. Eso es obvio, de otra forma se haría demasiado complejo. Y además, ¿cómo harías para que los gerentes puedan rendir cuentas si no hay fronteras entre sus responsabilidades?".

"Pero estás de acuerdo en que todos ellos son partes de un todo, ¿cierto?".

"Sí". Yo no veo el uso práctico de esta línea de discusión y estamos usando tiempo valioso.

"Por lo tanto, también estás de acuerdo en que quieres poder manejar el todo y no solo cada sección".

"Sí". Mi paciencia está llegando a su límite con todas estas trivialidades.

"Entonces, la única forma prudente de administrar una compañía es de forma holística. Holístico proviene de holismo, la filosofía que plantea que el universo se ve de una forma correcta cuando miramos el todo junto con la interacción entre sus partes, cuya suma es más que la simple adición de todas sus partículas elementales".

"La verdad es que me encantaría tener una conversación filosófica de profundidad contigo, pero tenemos trabajo que hacer". Es mi turno de enfocar a mi amigo.

"Tienes toda la razón. Eso es lo mismo que yo quiero hacer. Quiero mostrarte cómo tomar solo los tres primeros EIDE de tu lista y encontrar el conflicto raíz. Recuerda que la causa para un EIDE siempre es un conflicto subyacente".

"De acuerdo, te sigo. Comencemos con el primer EIDE. 'Yo necesito incrementar las ventas al menos un 10% en un mes'".

"Richard, necesitamos replantear el EIDE como un hecho que no supondría la solución que deseas".

Bill es implacable, pero él sabe. "Veamos, el hecho es que no tenemos suficiente volumen de ventas".

"No fue tan difícil", dice, mientras lo escribe en la pizarra.

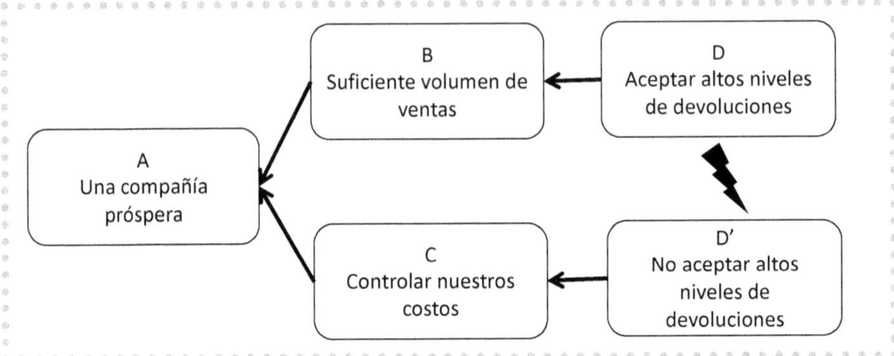

Ahora, construyamos la nube. Pasados unos tres minutos, la tenemos.

"A mí me parece obvia", digo, "¿Nos ponemos a revisar los supuestos de una vez?".

"No señor. Por ahora estamos haciendo un análisis completo, de modo que primero necesitamos entender el problema de forma amplia. ¿Cuál es el segundo EIDE?".

Reviso mi lista y leo, sabiendo que algo será corregido, "Tenemos demasiado inventario de producto terminado".

Sorprendentemente Bill lo registra en la pizarra sin cambio alguno o comentario. "¿Puedes construir tú la nube? Dijiste que era fácil, ¿no?".

Esta vez toma más de tres minutos, con la ayuda de Bill para poder distinguir entre las necesidades y las acciones. No fue tan fácil, pero creo que ya lo tengo.

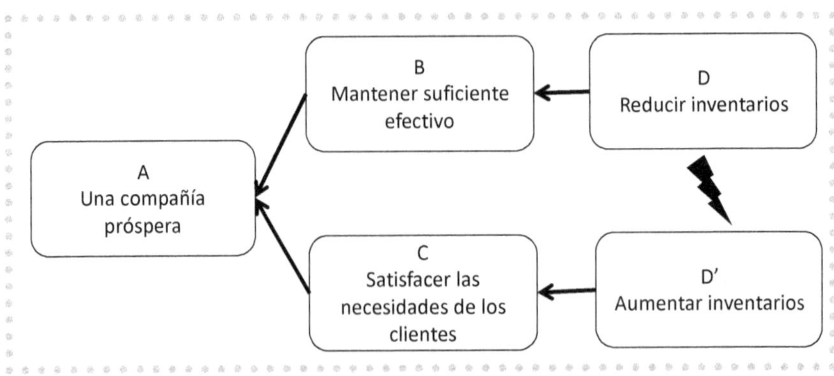

"¿Puedes ver las semejanzas?", pregunta Bill. Claro que las veo, yo nunca dudé que hubiese una relación. El problema es que con esto no es mucho lo que puedo hacer. Yo asiento y espero.

"¿Y la tercera?". Bill ahora corre.

"Nuestro costo de producción es muy elevado".

"Richard, necesito más claridad en este último. ¿Quieres decir que estás gastando más dinero ahora que en el pasado para fabricar los productos en la planta?".

"No es eso, de hecho hasta hemos reducido algunos gastos. El problema es que nuestros costos de producción son muy elevados, y que nuestros márgenes se encogen, sin mencionar nada acerca de nuestra competitividad".

"Entiendo, podemos trabajar con esto por ahora, pero definitivamente vamos a revisar luego cómo es que están calculando las cosas en la compañía. ¿Puedes construir la nube tú solo?".

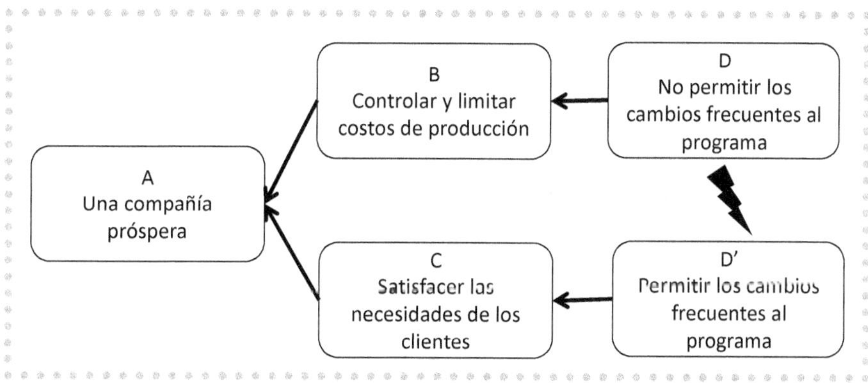

"Estas son mis prioridades más urgentes, porque necesito el dinero que tenemos atrapado en los inventarios. Yo sé que la mejor manera de obtener el efectivo es aumentando las ventas sin dar descuentos, y no quiero transigir en nuestra competitividad en el costo". Explicado de esta forma está claro que los tres EIDE están relacionados entre sí. Pero, no veo cómo hay una sola causa para los tres.

"¿Qué tal ahora con las semejanzas, puedes ver algún patrón con claridad?".

"Puedo ver semejanzas como por ejemplo en el objetivo, que es el mismo para las tres nubes. Y hay semejanzas en las necesidades también".

"Vamos a colocar cada elemento en listas separadas y tratemos de extraer el concepto esencial que subyace en cada una". Bill se acerca a la pizarra y traza una tabla con cinco columnas, con las letras A, B, C, D y D' en la primera fila.

"La primera es obvia. La entidad A genérica es 'Una compañía próspera'". Y lo escribe en la última fila.

"Para hacer lo mismo con las demás debemos primero revisar por si existe una inversión". Como mi cara debe reflejar total confusión, Bill continúa. "Una inversión ocurre cuando una de las nubes tiene una de las entidades ubicada en una posición, aparece en la ubicación opuesta en otra de las nubes. Todo esto está guiado por la intuición para darnos cuenta, y la razón por la que puede ocurrir es que la perspectiva de la persona que construye las nubes puede estar con propensión a proteger más una necesidad que otra".

"Yo entiendo mejor con un ejemplo. ¿Puedes ver la inversión aquí?". Detengo a Bill antes de que comience la clase magistral de teoría.

"Dime tú. Mira el elemento de la entidad C en la primera nube y la entidad B en la tercera".

Las leo: 'Controlar nuestros costos' y 'Controlar y limitar nuestros costos de producción'. Ambas son casi lo mismo. Ahora veo a lo que Bill se refiere. "Entonces tomamos una de las nubes y la damos vuelta, intercambiando el lugar de B y C, por supuesto con sus respectivas D y D' ".

"Por supuesto", me sonríe Bill. "Así ahora podemos escribir todas las B, y todas las C, y así sucesivamente".

Miro la pizarra y leo todas las B:

Controlar nuestros costos

Controlar y limitar los costos de producción

Mantener suficiente efectivo

"¿Cuál crees que es la esencia de todas estas tres entidades?". Bill espera mientras yo pienso.

"Es algo que tiene que ver con el costo, relacionado a los recursos limitados que tenemos".

"¿Dirías que estas son preocupaciones relacionadas con el ambiente externo o interno?". Puedo oler que Bill tiene algo en mente. ¿Para qué los jueguitos, en lugar de simplemente decirlo y ya?

"Todas son preocupaciones o, como tú las llamas, necesidades internas. Podríamos decir que la esencia es 'el buen uso de nuestros recursos'".

"Eso suena bien. Yo creo que lo puedes formular en términos más prácticos. Piensa por qué te importa utilizar bien tus recursos".

"¿Por qué no me dices lo que estás pensando?". ¡No me gusta que me manipulen!

"Richard, es importante que sean tus propias palabras. Yo he visto esta nube tantas veces que a menos que tu compañía sea una excepción entre cientos, para mí no hay ninguna sorpresa. Pero piensa un poco más de porqué tú piensas que es importante dar buen uso a tus recursos. No es para dejar sentado cuán bien los manejas, ¿no te parece?".

"¡Claro que no! Es porque de otra forma no podremos operar por mucho tiempo, ¿cómo sería posible?".

"Bien, bien, no te molestes. Ya lo tienes". Bill nuevamente en la pizarra escribe en la última fila de las B: 'Proteger nuestra operación actual'. "¿Estás de acuerdo con que esta necesidad representa la esencia de todas las necesidades similares?".

"Ssssí, me gusta". Empiezo a ver lo que Bill dijo. Quiero probar con la C genérica. Bill parece darse cuenta de esto y espera en silencio.

"Las tres C están relacionadas con buen servicio y más ventas. Yo diría que aunque es una preocupación interna, la esencia está conectada con el crecimiento de la participación en nuestros mercados".

"Muy bien dicho. ¿Cómo lo formularías?". Bill está presto a escribir

"Yo diría que la esencia en este caso es 'Asegurar el crecimiento futuro', eso requiere más ventas y buen servicio".

"Como puedes ver, esto no es una trivialidad y requiere pensamiento a profundidad. Sin embargo, A, B y C son las más fáciles. Tratemos de deducir ahora la D genérica".

Doy un vistazo a la pizarra:

No aceptar los grandes volúmenes de devoluciones

Reducir inventarios

No permitir cambios frecuentes a los programas

"No está nada fácil. Cuando las leo, puedo escuchar a mi gerente financiero". Esta es la primera carcajada que nos permitimos en un buen rato.

"¡Le diste en el clavo, síguela!". No estoy convencido si Bill está entusiasmado o impaciente.

"¿Qué tal te parece esto 'Tomar medidas para reducir gastos o inversiones' como la esencia para D?".

"Estoy de acuerdo. Perfecto. Ahora D' es lo opuesto". Bill se dirige a la pizarra y construye la nube, escribiendo sobre el diagrama 'Nube genérica'.

"Richard, por favor léela en voz alta y veamos si tiene sentido para ti esta nube".

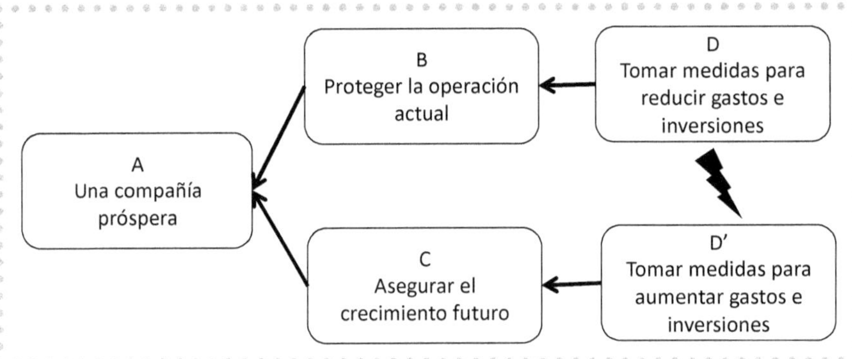

Ya he hecho este paso varias veces, por lo que confío en estar en lo correcto. "Por una parte, para tener una compañía próspera, necesitamos proteger la operación actual. Para proteger la operación actual, necesitamos tomar medidas para reducir gastos e inversiones". Por ahora, vamos bien, creo.

"Por otro lado, para tener una compañía próspera debemos asegurar el crecimiento futuro. Para asegurar el crecimiento futuro debemos tomar medidas para aumentar los gastos e inversiones".

Nos quedamos en silencio unos segundos. "¿Es siempre este el resultado? Quiero decir, tú ya has hecho esto antes. ¿En todos los casos se obtiene la misma nube?".

"Sí y no. Siempre es la misma esencia, pero las palabras cambian". Bill está visiblemente satisfecho con el resultado.

"Richard, tú tenías otros nueve EIDE en tu lista. ¿Puedes ver cómo todos ellos se derivan del mismo conflicto?".

Yo pensé que habíamos terminado, pero Bill está en lo correcto. La afirmación era que encontraríamos la causa raíz de todo. Miro mi lista y escojo uno de los nueve restantes al azar.

"Déjame ver, tengo uno aquí que parece no tener relación alguna con los demás. Algunas veces no tenemos suficiente espacio en nuestros almacenes".

Bill lo escribe en un *post-it* y lo pega en la parte superior de la pizarra, y justo por encima de la nube, y escribe D y D', uno al lado del otro, pero le añade a cada uno las palabras 'Estamos presionados a'.

"¿Me puedes decir por qué terminas metido en esta situación?", pregunta Bill.

"Porque producimos más inventario del que vendemos en un periodo, y se acumula".

"¿Y por qué ocurre esto?", me dice Bill sonriendo.

"Okey, ya veo la conexión. La presión por incrementar los inventarios conduce directamente a esto". ¡Esto está poderoso!

"Sí, y podemos ahora amarrarlo mucho más fácil al conflicto con la lógica de causa-efecto, como lo acabamos de hacer aquí".

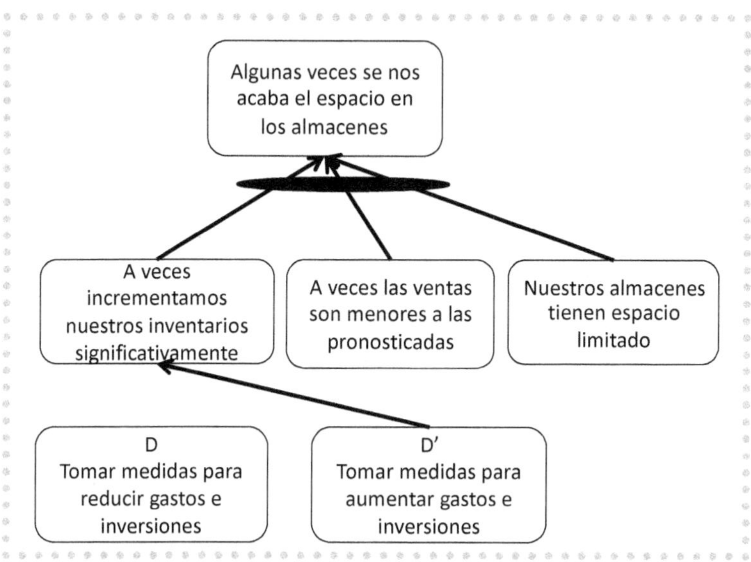

"Estas conexiones se leen mostrando la lógica," comenta Bill, "desde abajo hacia arriba, donde la cola de la flecha comienza en la causa y la punta de la flecha desemboca en el efecto. En este caso las relaciones entre las entidades se leen así", y señalando a una de las entidades, comienza a leer.

"Si existe presión para tomar medidas que incrementan las inversiones, entonces algunas veces aumentamos de manera significativa el nivel de los inventarios. Aquí podemos incluir otro supuesto que explique que los inventarios son un tipo de inversión, pero es tan obvia que la podemos omitir".

"Entonces no necesitamos incluir de todo, solo los elementos que no sean tan obvios". Estoy comenzando a reconocer lo práctico de esta forma de hacer las cosas.

"Sí, mi sugerencia es que incluyamos todo lo que te genere dudas. Ahora veamos, mira que tenemos aquí tres flechas juntas y un conector 'Y'".

"O sea que más de una flecha sin el conector indica la opción 'O', es cualquiera de las causas. Pero con el conector 'Y' necesitas cada una de las entidades para poder generar el efecto, ¿correcto?".

"Perfecto, así es. Entonces ahora tenemos lo siguiente: si algunas veces aumentamos los inventarios de manera significativa y las ventas son más lentas que lo pronosticado y nuestros almacenes tienen espacio limitado, entonces algunas veces no tenemos suficiente espacio de almacenaje".

"Esto suena obvio".

"Gracias, ese es el mejor cumplido para una construcción lógica. ¿Puedes darme otro EIDE donde no veas claramente la conexión con el conflicto raíz?".

"Revisando mi lista, los otros ocho están todos relacionados con los planes de crecimiento o con la protección de la operación actual. ¡Está bien, esta la ganaste tú!". Digo sonriéndole, pero con la incertidumbre acerca del verdadero provecho de este nuevo entendimiento.

"Creo que nos hemos hecho merecedores de un par de cappuccinos".

"Buena idea. Mientras nos los traen, déjame revisar mis correos y contestar los más urgentes. No me toma sino unos veinte minutos".

"Perfecto. ¿Tienes el periódico?". Le alcanzo el diario y veo que Bill abre de una sola vez la página de los crucigramas. ¡Qué rico es ser un consultor!

XI. El callejón tenía salida

"TODAVÍA NOS QUEDA tiempo hoy, así es que propongo que terminemos el análisis buscando una solución adecuada para este conflicto raíz específico de tu empresa". Bill, cuando no está jugando con su teléfono inteligente o resolviendo crucigramas es enfoque puro.

"¿Crees que podemos completar esa parte hoy? ¡Asombroso!". Que conste que no me estoy quejando, es solo que tener todo este trabajo en una sola tarde me parece increíble. Lo que recuerdo de las consultorías estratégicas es que toma semanas hacer un diagnóstico apropiado y así decidir un plan de acción prudente.

"¿Por qué? ¿Te das cuenta de que una vez que hemos encontrado la simplicidad inherente del sistema, todo el resto está en los detalles? De todas maneras, hoy no vamos a desarrollar todos los detalles, pero sí podemos establecer la dirección estratégica".

"Dime si me equivoco. El próximo paso es revelar los supuestos que podamos invalidar de alguna forma". Esto me gusta, cuando el proceso es simple, puedo trabajar con comodidad.

"Bien dicho, vas rápido. ¿Cuál es el lado del conflicto que te molesta más, el que quisieras eliminar?".

Entonces esta es una de las recetas, poniendo la mirada sobre el lado que más te molesta. Qué forma tan interesante de hacerlo, y mi intuición es buena para esta situación.

"Te puedo responder eso muy rápidamente. La parte que más me molesta es la que nos fuerza a cortar costos para proteger la operación actual. ¡Es como si esta compañía se hubiese fundado para ahorrar plata en lugar de generarla!".

"¡Ja, sí!, ya veo que no soy el único aquí con tendencias al sarcasmo". Dice Bill sonriendo. "Para proteger las operaciones actuales necesitamos tomar medidas para reducir gastos e inversiones porque..."

"Porque el efectivo es el recurso más importante para mantener la operación funcionando".

"De acuerdo, y no veo por dónde invalidar esta afirmación".

Como que no era tan simple después de todo. Voy a probar con la otra.

"Para asegurar el crecimiento futuro, necesitamos aumentar los gastos o inversiones. Bueno, yo no tendría ningún problema con esta afirmación si no fuese porque el efectivo proviene de la operación actual".

"Eso estuvo muy bien. Adelante con esa línea de pensamiento, ¿cuál es el supuesto?". Bill se va a la pizarra y se alista para escribir.

"El supuesto es que no podemos generar efectivo (liquidez) continuamente a la misma tasa a la que nos lo consumimos".

"Sí, de acuerdo. Entonces la acción en D' de hecho dice que lo que necesitas es proveer de efectivo (liquidez) antes de obtener el retorno, bajo la suposición de que el retorno está asegurado. ¿Con qué frecuencia tienes o pones dinero en un proyecto que no retornó lo que se esperaba?".

"Ni me lo recuerdes. La última experiencia fue el plan de *marketing*. Nos gastamos una buena cantidad de dinero y los retornos fueron escasos comparados con las proyecciones que hicimos. Y después de que pasó la tormenta, siempre aparecen explicaciones abundantes, excepto que el plan era altamente riesgoso y que las consecuencias inesperadas fueron mucho peores de las estimadas, haciendo el daño mucho mayor".

"Entonces lo que quieres decir es que las acciones que necesitas son las que producen un flujo de caja positivo y con un nivel de riesgo bajo".

"¡Yo no necesitaba el análisis de esta parte del día para llegar a esta conclusión, es algo que siempre he sabido!", ¡¡¡Arrgghhh!!! Otra vez me siento acosado por el temor de que estamos cayendo en trivialidades.

"Richard, esto es importante, porque tú estás estableciendo las condiciones necesarias para poder decidir cuándo una estrategia es buena o mala". Bill escribe en la pizarra 'Condiciones para una buena táctica', la subraya y añade justo abajo: 'El Trúput debe crecer más rápido que los gastos operativos', y 'No correr riesgos reales.'

"¿Qué es eso de trúput? ¿Es producción?".

"No del todo. En TOC, trúput se define como la tasa de generación de unidades de la meta a través de las ventas. En el caso de una compañía, las unidades de la meta se miden en dinero".

"¿Acaso es el margen bruto?". Para qué le ponemos nombres distintos a conceptos que ya existen.

"Sí, eso es algo que se puede discutir. Pero no queremos confundir las cosas y la mejor manera de no hacerlo es formularlo, y se define como el precio de venta menos la materia prima. Esta es una muy buena aproximación en la gran mayoría de los casos".

"Okey. ¿Y por qué escribiste 'riesgos reales'? ¿Existen riesgos de otro tipo? Mis problemas no son de la tierra del nunca jamás".

"¡Oh, sí, claro que sí! Hay riesgos que se presumen porque no hay un análisis suficiente en primer lugar. Considerar riesgos falsos es casi tan dañino como no considerar los reales. Siempre hay una cuota de riesgo en todo lo que hacemos, pero veremos cómo podemos reducir los riesgos percibidos, y resolver solo los que nos deben preocupar de verdad".

"Bueno, estas dos condiciones me suenan tan obvias que no veo la necesidad de tener alguna más".

"¿En serio? ¿Qué pasa si se te acaba la capacidad de cualquier tipo de recurso?". Ahora Bill se me está poniendo paranoico.

"Okey, entiendo, la otra condición es no agotar ningún recurso". A medida que lo digo, Bill captura esta tercera condición.

"Veamos, tenemos las tres condiciones para la acción que invalida el supuesto bajo la conexión CD', la cual dice que el gasto de efectivo para crecer se traduce usualmente en asumir riesgos elevados".

"Suena prometedor. ¿Cuál es esta acción? Vamos, vamos, tú me dijiste que esta es una nube genérica, por lo tanto esta acción debe ser también genérica". Estoy ansioso de escuchar la idea brillante que Bill sacará de su sombrero mágico ahora.

"Muy bien, en esto tienes razón. Te la voy a decir, pero con la condición de que la discutamos un poco antes de que la descartes como otra trivialidad, ¿de acuerdo?".

"No te prometo nada", lo fastidio un poco, "adelante, alégrame el día".

"La táctica genérica es construir una ventaja competitiva decisiva, y las capacidades para capitalizar en ella, en mercados lo suficientemente grandes, sin agotar los recursos de la compañía y sin correr riesgos reales".

"¿Y lo dices así no más, sin pestañar? ¡Qué bocado!", ambos nos reímos con ganas.

"Ya en serio, Bill, ¿cuál es la practicidad de esa frase? ¿No es acaso la misma canción que cantan todas las teorías de mercadotecnia estratégica acerca de la diferenciación? No quiero ser pesado contigo, pero eso es obvio. ¿Qué es lo que estoy aprendiendo de esto?".

"Supongo que es lo mismo. ¿Es incorrecto?". Bill luce calmado, y muy serio a la vez.

"¿Incorrecto? Yo no dije eso, es solo que es tan obvio. ¿Has leído el libro acerca de los océanos azules?".

"¿Te refieres a *Estrategia de océano azul* de Chan Kim y Reneé Mauborgne? Sí, lo leí".

Mientras Bill está nombrando el libro, lo ubico en mi estantería. Lo tomo y leo la portada en voz alta: "Cómo crear un espacio de mercado sin oposición y hacer a la competencia irrelevante. Lo leí el año pasado. Es un libro muy bueno, con ideas que están fuera de lo convencional".

"¿Y qué piensas del concepto? ¿Piensas que es posible que si tuvieses un océano azul, este conflicto se desvanece, se evapora?".

"Por supuesto, pero no es tan simple tener ideas brillantes como estas, mi amigo. El problema más grande que reportan estos tipos es que muchos lo intentaron y fracasaron, antes de que alguna de ellas funcionara de verdad. Yo no quiero morir en el intento, si entiendes a lo que me refiero".

Bill se ve pensativo por un rato y finalmente esgrime, "Richard, no es fácil, pero es simple, y allí está la clave. Una solución simple y elegante es la más difícil de encontrar, y de imitar. En retrospectiva, todo el mundo dice que era obvio, pero antes de que se hiciera explícita, la idea permanece escondida, está fuera del radar de todos".

"Yo leí el libro y me percaté de que muchas de las ideas presentadas para crear océanos azules no son nuevas; muchos las probaron antes. Los autores te dicen que muchas compañías quebraron antes de que las que tuvieron éxito pudieran contar la historia con un final feliz. Yo no quiero probar cosas distintas solo para que otro pueda aprender después".

"Cierto, pero quiero que consideres el concepto por un minuto. Si tú pudieras pensar y esbozar una idea que le diera un océano azul a tu compañía, en mercados lo suficientemente grandes y que pudieras construir las capacidades para capitalizar en ella, ¿no sería esto mismo una forma de romper el conflicto? Y no te olvides de la parte que tiene que ver con no correr riesgos reales o agotar los recursos".

Yo ya no sé si estamos de regreso al mundo de las fantasías o si esto nos lleva a alguna parte. Aún tenemos un par de horas antes de nuestras birras y podríamos estar haciendo algún trabajo más concreto en lugar de este ejercicio intelectual.

"Bill, si nosotros pudiéramos hacer eso mismo, por supuesto que se rompe el conflicto. Podríamos crecer el negocio con mucha más certeza. Y por cierto, ¿tendremos alguna idea más práctica hoy?". Quiero que acepte el hecho, estamos gastando mi recurso más preciado, mi atención gerencial.

"Aguanta conmigo un poco, solo un par de minutos y enfoquémonos en lo siguiente. ¿Puedes pensar en otra táctica que nos permita romper el conflicto? Quiero decir en términos generales como los que tenemos aquí. Tómate tu tiempo".

Pienso concienzudamente, digo, "No tengo ninguna otra idea, y aun si la hubiere, a mí no se me ocurre en este momento".

"Desde este momento en adelante tienes todo el tiempo que haga falta para encontrar una mejor forma de romperlo. Permíteme mientras que te cuente nuestra experiencia en TOC. Esta no es solo una forma de romper el conflicto genérico. Nosotros creemos que esta es la única manera de romper el conflicto".

"Okey, confío en tu palabra. ¿Y ahora qué?".

"Por favor, considera con sumo cuidado las consecuencias de lo que te acabo de decir. Esto significa que a menos que tú elimines el conflicto, vas a estar condenado a lidiar con las consecuencias, los efectos indeseables, para siempre. Y estarás atrapado en el círculo vicioso que tanto te disgusta, hasta que puedas eliminar la causa raíz. Peor aún, todas estas consecuencias erosionan las relaciones humanas, dentro de tu compañía y fuera, con los proveedores y clientes".

"¿Quién se ha puesto melodramático ahora? Yo no soy el único en esta situación. Conozco muchos gerentes que tienen problemas similares. ¿Quieres decir que todos ellos son víctimas de la misma trampa? ¿Cómo es posible que nadie más esté protestando y gritándolo a todo pulmón? Debo decirte que eres el primero que está hablando de estos problemas que yo sepa ¿Y las universidades y sus cursos de educación ejecutiva?". Me siento muy mal al darme cuenta de esta situación, porque los conceptos tienen demasiado sentido, y estoy tratando de menoscabar el poder que tienen con mis palabras. No veo cómo es posible que pueda dedicarme a pensar sobre esta idea tan preciosa el día de hoy.

"¡Richard!, ¿recuerdas lo que te comenté la otra noche acerca de juzgar el valor de algo basado en la opinión de la mayoría? Y tú me mostraste un libro que habla precisamente de eso mismo. Es más, déjame decirte que hay cientos de programas de MBA que desde hace muchos años incluyen *La meta* en su programa de estudios. Sin embargo, un cambio significativo en la academia toma generaciones. No sé por qué. Y no quiero utilizar nuestro tiempo aquí para discutir sobre ese punto".

"Exactamente, yo quiero que hagamos algo práctico". Me alivia darme cuenta de que seguimos alineados con Bill.

"¿Entonces, cuál es tu veredicto? ¿Te das cuenta de que un océano azul junto con un bajo riesgo, las capacidades para capitalizar en él y sin agotar los recursos es la única salida a nuestro problema?".

"Debo decir hasta con dolor, sí, así es. Y digo con dolor porque hemos estado trabajando muy duro con mis gerentes sobre este concepto cuando leímos el libro. No hemos estado pasivos, aguantándonos los problemas, ¿sabes? Hasta hemos hecho algunos intentos, como por ejemplo utilizar nuestro nuevo sistema de pronóstico y planificación de la demanda para nuestros clientes, pero ni nos hicieron caso. Existe tanta amabilidad plástica y desconfianza entre ellos y nosotros que es muy difícil que una idea, por más buena que sea, funcione".

"Entonces ya bajaste tus propias expectativas acerca de lo que es posible, por estos hechos". Yo trato de protestar ante semejante comentario, pero Bill prosigue. "Esta es una de las peores consecuencias de aceptar un conflicto como un hecho de la realidad; las personas dejan de pensar, porque han tenido fracasos en sus intentos para romper el conflicto".

"¡Yo no he dejado de pensar!" ¡Ahora resulta que soy un Gerente General que no piensa!, Bill está acercándose mucho a un precipicio.

"Calma, calma, tranquilo. Yo solo estoy afirmando que mi creencia es que siempre hay una forma de romper cualquier conflicto. En este caso afirmo que la única forma de romper este en particular es construir algo tan increíble como lo que acabamos de mencionar. No es nada fácil; pero vale la pena. ¿Te gustaría saber cómo encontrar sistemáticamente tu océano azul? Podemos hacerlo en este momento si quieres. Y te darás cuenta también de que es simple".

Tú ya lo tienes definido, "¿no es así? ¿Te las das de sádico?", digo riendo.

"¿Qué le dijo un masoquista a un sádico? – Hazme sufrir. ¿Y qué le respondió el sádico? – No quiero". Aunque este chiste es muy viejo, me río de todas maneras y me pone en onda para el siguiente paso. Esto se está poniendo entretenido.

"¿Te parece que nos tomemos un descanso, con unos cappuccinos y luego terminamos el día con un análisis de tu mercado?". Como que Bill ya no es el sádico que pensé, pero me temo que no estamos preparados para ese análisis.

"¿Qué? Pero si yo ni siquiera tengo las estadísticas al día de los consumos o datos de todos los distribuidores. Además, el gerente de *marketing* está fuera de la oficina hoy, ¿no nos convendría esperar a que estuviese disponible mejor?".

"No necesitamos datos o más personas en este momento. Tú sabes todo lo que hay que saber. Por favor, puedes mandar a pedir los cappuccinos, aprovecha para contestar tus correos urgentes y nos juntamos para arrancar el trabajo nuevamente en unos diez minutos".

"¡Sí, señor!". Debo admitir que Bill luce muy confiado y me energiza la idea o la promesa de encontrar nuestro océano azul.

XII. Empatía estratégica

BILL BORRA LA pizarra y comienza. "Vamos a hacer lo mismo que hicimos con tus efectos indeseables, pero solo que esta vez vamos a necesitar partir de los efectos indeseables de tus clientes".

"Muy fácil, pues se quejan mucho". Bill me sonríe y espera.

"De acuerdo, la primera queja y también la más frecuente es acerca de los precios".

"Quieres decir que te piden más descuento, ¿cierto?". Como yo asiento, Bill continúa, "Esto suena más bien como un EIDE tuyo. A ti no te gusta cuando piden precios más bajos. Colócate en sus zapatos y piensa cuál es el hecho que a ellos no les gusta".

"Yo supongo que quieren hacer más dinero a nuestras expensas".

"Yo diría que ese sentimiento es mutuo", dice Bill y espera. Él solo espera.

Este ejercicio de colocarme en el lugar de mis clientes no es tan fácil como pensé. Al parecer no estoy alcanzando el nivel esperado por Bill según su estándar.

"Quieren precios más bajos porque quieren ganar más dinero. Entonces el hecho debe ser el usual, la utilidad no es suficientemente alta".

Bill piensa por un segundo y replica, "Yo preferiría el término rentabilidad en lugar de utilidad. ¿Qué tal si lo ponemos de esta forma: la rentabilidad no es satisfactoria?". Acepto asintiendo y él lo escribe en la pizarra. A mí no me importa realmente si utilizamos rentabilidad o utilidad, así es que no discuto.

"¿Qué más?". Bill está a la espera nuevamente, actuando como si fuera él quien tiene la presión de tiempo.

Tengo una fresca. "Tienen mucho exceso de inventario en las tiendas". Bill lo escribe en silencio y se da vuelta, esperando nuevamente.

"Tienen muchos agotados, faltantes". Al decirlo, no puedo sino pensar en lo cabeza dura que resultaron cuando se negaron a aceptar nuestra oferta de ayudarles con los pronósticos. Bill lo escribe.

"Ya tenemos tres. ¿Cuántos más necesitamos?". Pensé que el número mágico era tres.

"Dales un vistazo a los distintos aspectos del negocio de tus clientes, y mira qué otros EIDE que tengan se te ocurren. Necesitamos por lo menos un par más".

"Pues yo sé que el efectivo siempre está apretado, porque cada vez nos piden más crédito. La verdad es que suelen estar cortos y con problemas de liquidez".

"Muy bien, estás pensando en relaciones de causa y efecto", Bill comenta y lo añade a nuestra lista. Me siento como si estuviera de regreso en el colegio cuando escucho su cumplido, pero no quiero interrumpir este impulso al comenzar a molestarlo ahora. ¡Pero lo cierto es que se lo merece!

"¿Tienes algún otro que podamos agregar para el último?".

Me toca pensar. Espera, yo he podido visitar algunas de las tiendas y en los almacenes vi situaciones grotescas como por ejemplo un televisor plasma de 42" con la pantalla rota porque la habían guardado sobre una pila de cajas, muy mal colocada.

"Estoy seguro de que hay merma en sus almacenes, cosas que no pueden vender y las tienen que dar a pérdida", digo finalmente.

Bill lo agrega en la pizarra: 'Algunas veces hay cantidades significativas de merma'.

Miro la lista y me puedo imaginar que esos cinco hechos son verdaderos dolores de cabeza para nuestros clientes. Y puedo darme cuenta también de que hay conexiones de causa y efecto entre ellos. Probablemente necesitamos hacer lo mismo que desarrollamos para mi compañía. No veo para dónde vamos en este momento. Pero ya aprendí que Bill es una caja de sorpresas y espero con paciencia.

"Estupendo, creo que con estos cinco ya tenemos suficiente material para que podamos trabajarlo".

"¿Puedo construir la nube para el primero?". Me siento poderoso sabiendo qué hacer.

"¿Para qué? Olvídate ahora de las nubes, podemos ir directo y conectar todos estos EIDE en un árbol lógico que nos muestre una necesidad significativa de estos clientes".

"¡Oye! Ahora estás cambiando el proceso, por favor deja de confundirme".

Ya veo lo que se me viene, Bill nunca desaprovecha una oportunidad como esta, "Ya, ya, bebecito, pronto te vas a dar cuenta de que no es tan diferente. Lo único que vamos a hacer distinto es que en lugar de buscar la nube del conflicto medular, vamos a construir la lógica hasta que aparezca el punto donde entra tu compañía en el juego".

"Aaah, muy astuto, ya veo. Si podemos establecer dónde cortar los EIDE, entonces les podemos generar valor a nuestros clientes. Mientras más profundo en el árbol, tanto mejor. Me gusta. ¿Cómo lo hacemos?".

"Primero vamos a tomar uno de los EIDE y vamos a tratar de encontrar una conexión obvia con algún otro. Toma este primero por ejemplo: 'La rentabilidad no es satisfactoria'. ¿Tienes un taco de *post-its*?".

Tomo el taco de mi escritorio y se lo entrego, él borra la pizarra, y escribe el EIDE en el primer *post-it*. Lo toma y lo pega en la pizarra. Mientras lo concluye, yo escribo los cuatro restantes en sus respectivos papelitos. Me agrada esta forma de generar el mapa lógico.

"Yo supongo que la merma está directamente ligada a la rentabilidad". Le paso el papel a Bill y lo coloca en la pizarra, por debajo del primero, y pinta una flecha desde el recién colocado hasta el primero.

"Si hay una cantidad significativa de merma, entonces la rentabilidad no es satisfactoria", lee Bill en voz alta. "¿Puedes escoger algún otro de los que tenemos que se conecte a cualquiera de estos dos?".

Siento que falta algo. "¿No necesitamos acaso más cosas para explicar la rentabilidad no satisfactoria a partir de este hecho?".

"Sí, hacen falta. Pero primero debemos elaborar la columna vertebral con todos nuestros EIDE, y luego vamos completando la lógica con los elementos que hagan falta".

¡Me gustan los procesos! "Yo creo que si tienen mucho exceso en las tiendas, entonces algunas veces tendrán cantidades significativas de merma". Me levanto y coloco el EIDE más abajo y dibujo la flecha correspondiente.

Bill se sienta, mira y espera. Coloco los otros dos y leo, "Si tienen mucho exceso en las tiendas, entonces, muy a menudo tienen problemas de liquidez. Y si muy a menudo tienen problemas de liquidez, entonces tienen muchos agotados, que a la vez conduce a una rentabilidad no satisfactoria".

"Bien hecho. Ahora debemos incluir los supuestos que nos permitan solidificar la lógica de nuestro árbol. Para cada una de las relaciones causales podemos preguntarnos por qué pensamos que existe. Por ejemplo, ¿por qué dices que problemas de flujo de caja generan faltantes?". Bill está cómodamente sentado mientras yo trabajo en la pizarra.

"Se debe a que necesitan el dinero para reponer los faltantes o agotados que tienen". Tomo otro *post-it* y añado este nuevo elemento, adivinando dónde colocarlo y le conecto las flechas para indicar la relación de 'Y'. Bill sonríe visiblemente satisfecho. "Sigue adelante, por mí no te detengas," dice, "lo puedes completar tú solo".

Poco después ya he llenado la pizarra con el siguiente árbol:

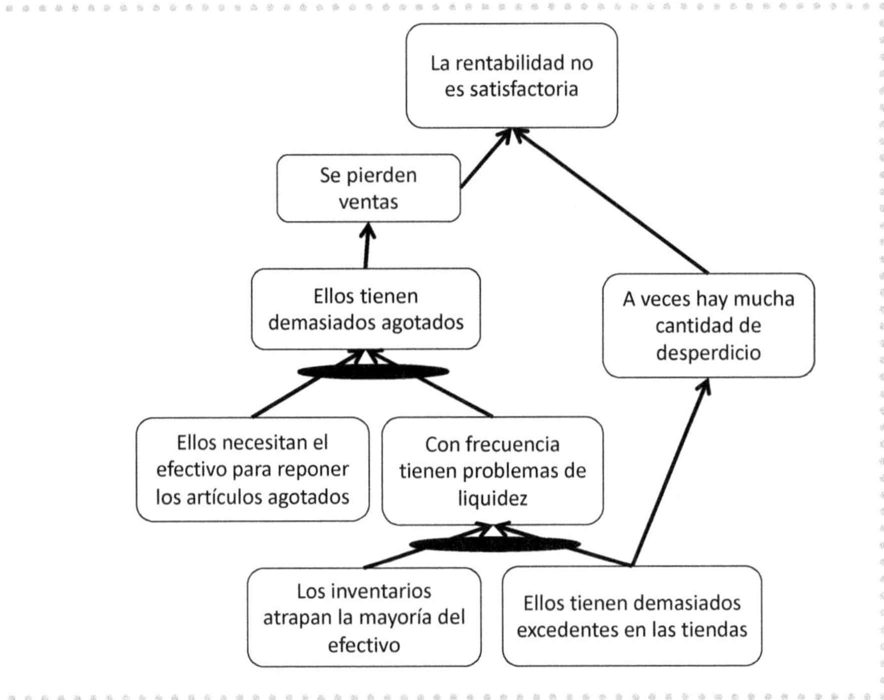

"No está nada mal," comenta Bill, y completa "para empezar".

"Ahora me doy cuenta de lo dañino que es el excedente para ellos. Y puedo ver que una de las causas que lo hace así de malo es que su efectivo está atrapado en el inventario. Yo les podría ofrecer mis productos en consignación, pero esa oferta ya tuvo resultados desalentadores en el pasado. Por favor dime que tienes una mejor idea".

"Tengo una mejor idea", dice Bill (¡siempre tan obediente!). "Mi idea es que te tomes el tiempo y te preguntes 'por qué' un par de veces más. Tú ya tenías la idea de retar el hecho de tener que atrapar dinero en el inventario, y no te gustó. Muy bien, existe otra causa más en esa relación. Por ahora, no sabemos cuáles son las causas de los excedentes; lo que has desarrollado son solo las consecuencias. Primero y más importante, ¿te das cuenta de que cuando tus clientes pierden ventas, tú también pierdes ventas?".

¡Maldición! Nuevamente lo obvio, y qué doloroso se me está haciendo que me golpee cada vez. Si yo acepto la consignación, eso no elimina el excedente. Es solo que ahora, en cambio, el riesgo es todo mío. Así es, si podemos profundizar un poco más para entender las causas de los excedentes valdría la pena.

Me doy cuenta de que Bill está esperando mientras pienso. "Entonces, ¿cuál es el próximo paso?", pregunto yo, sin estar seguro de cómo proceder desde aquí.

"Pregúntate por qué hay excedentes en una tienda".

"Porque compraron mucho". No dejo de dudar cuando escucho lo que dije y es lo obvio. Bill lo escribe en un *post-it* y lo añade en la parte baja con una flecha.

"Lo que quieres decir es 'mucho o demasiado' es comparado con algo, ¿correcto? Yo estoy seguro de que te encanta cuando los clientes compran mucho, ¿o me equivoco?". Bill no pierde oportunidad de señalar y recalcar las contradicciones obvias que producen nuestras acciones. ¡Nosotros somos los que estamos empujando a los clientes a comprar demasiado!

"Creo saber adónde quieres llegar. ¡No nos puedes culpar por hacer bien nuestro trabajo! Los clientes deberían saber cuándo parar o dejar de pedir".

"Richard, ¿me puedes contar cómo es que hacen tus clientes para calcular cuánto tienen que comprar?".

"Tenemos distintos tipos de clientes; aquellos que tienen sistemas sofisticados de pronósticos y aquellos que solo adivinan".

Bill se ríe y dice, "¿Y la diferencia entre esos dos es…?".

"Vamos Bill, tú sabes a qué me refiero. Las estadísticas pueden ser utilizadas para pronosticar o estimar las tendencias y esa información ayudará mucho cuando uno tiene que decidir cuánto comprar".

"Estoy totalmente de acuerdo. ¿Pero entiendes que los clientes no están haciendo eso que describes? Están tratando de predecir el consumo futuro para cada uno de los productos que te compran. No es una tendencia, están tratando de anticipar un evento singular. ¿Con qué frecuencia compran tus clientes el mismo producto?".

"Pues algunos los compran semanalmente, otros a diario y otros mensualmente. Eso depende del tamaño que tengan".

"Perdón si no me expliqué bien. ¿Esta frecuencia de pedido es en promedio para cualquier producto o con la que colocan un pedido?".

"Hmmm, ya veo, para un solo producto esto varía dependiendo si es un producto de alta rotación o no".

"Déjame preguntártelo de otra forma. ¿Piensas que tus clientes van a reponer en un pedido todos los productos que tuvieron venta desde su último pedido? ¿Lo incluyen en el pedido aunque hayan vendido solo una unidad?".

"Por supuesto que no. Esperan a que haya un consumo razonable, a que sus inventarios se reduzcan, de otra forma los excedentes serían mucho peores, ¿no te parece?". Yo creo que Bill está ahora definitivamente razonando fuera del *recipiente*.

"Eso es lo que estamos tratando de entender en este momento. Por lo tanto es razonable decir que aún los clientes más grandes colocan sus pedidos para un mismo artículo o ítem una vez por semana en promedio, ¿correcto? ¿Y podemos decir que los clientes más pequeños colocan los suyos una vez al mes o aún con menos frecuencia?". Asiento con un ligero movimiento de mi cabeza.

"¿Cuánto tardan en la compañía en entregar un pedido?".

"Eso depende. Si tenemos el artículo en existencias, en menos de dos días los productos deben estar en sus almacenes. Si se nos agota alguno de los productos, es muy usual que cancelen el pedido, a menos que puedan o estén dispuestos a esperar unos días mientras lo producimos".

"Y una última pregunta, ¿cuál es la cantidad de inventario que necesitan mantener para cada uno de los productos?".

"Pues deberían tener suficiente para suplir las ventas hasta la próxima reposición, ¿cierto?".

"¿Y cómo calcularías esto? ¿O cómo lo hacen ellos?".

"Eso debe ser la venta promedio en el periodo que existe entre las dos reposiciones, aumentado por un factor de seguridad". Yo nunca me había hecho esta pregunta o no lo había considerado, y es como muy de sentido común ahora que lo pienso de esta forma.

"En otras palabras, el nivel objetivo de inventario para cada ítem debe ser el máximo consumo esperado dentro del tiempo de reposición, factorizado por la variabilidad en el tiempo de reposición, ¿estás de acuerdo?". Le pido a Bill que lo repita muy despacio.

"Sí, estoy de acuerdo".

"El tiempo de reposición es la suma de tres tiempos distintos: el tiempo de producción, el tiempo de transporte y el tiempo de colocación del pedido o tiempo de reorden. Este último es el tiempo que transcurre entre dos pedidos".

"Ya veo, y en vista de que nosotros mantenemos inventarios, el tiempo de reposición de nuestros clientes es entonces solo el tiempo de transporte y el tiempo de reorden, ¿cierto?". Me gusta esta forma simple de analizar el problema.

"La mayoría de las veces sí, porque debes recordar que también tienes agotados o faltantes".

"Correcto, pero eso es mucho menos probable".

Bill hace caras, pero no dice nada… continúa adelante. "Cuando examinas el tiempo de reposición de tus clientes, ¿cuál es el componente más largo?".

"Ya te dije que el tiempo de transporte es corto, uno o dos días incluyendo todo el papeleo y la selección[8]. Por lo tanto el más largo, como señalaste, es el tiempo de reorden, que se mueve entre una semana a más de un mes".

"Ahora, ¿estarás de acuerdo con que el tiempo de reposición es relativamente largo en la mayoría de los casos?".

"Sí, sin duda". Empiezo a vislumbrar hacia dónde se dirige Bill en este instante.

"Sabiendo que el pronóstico para un artículo en una tienda es bastante impreciso, y sabiendo que el pronóstico se deteriora exponencialmente mientras más largo es el tiempo a estimar, entonces para un tiempo de reposición largo, el pronóstico debe ser muy impreciso". Bill concluye explicando la causa de los excedentes de inventario, y yo entro a finalizarla.

---

8   N.T.: Usualmente referido como *picking* en el ambiente de la gestión de almacén e inventario.

"Si el pronóstico es impreciso, muchas veces las cantidades pedidas para algunos ítems son más de las que se requieren para cubrir las ventas, llevando a generar el excedente o sobreinventario. Y para los otros ítems, las cantidades pedidas son menos de las requeridas por la demanda, lo que lleva a un agotado temprano". Esto es lo que siempre había sospechado.

"¿En qué estás pensando?", dice Bill al verme callado por unos instantes.

"Yo tuve esta idea de ofrecerles a nuestros clientes un servicio basado en darles acceso con nuestro sistema sofisticado de pronósticos para ayudarles a definir las cantidades a pedir de nuestros productos. Yo sé que su sistema es mucho peor, y que el nuestro, tecnológicamente avanzado, resolvería el problema. Pero por desgracia, ninguno aceptó nuestra oferta. Me imagino que no hay confianza en nuestra relación. Pero con este árbol es posible que los podamos convencer…".

"¡Paaara, para!", salta Bill, "ni te molestes. ¿No te das cuenta de que tu sistema no puede generar pronósticos mejores que los de ningún otro sistema a este nivel de detalle?".

"¿Qué dices, a qué te refieres? ¿No tenemos escapatoria?". Me siento de nuevo frustrado.

"Yo no dije eso. Primero, pongamos esta lógica en orden". Y completa otros *post-it* y los pega en la pizarra.

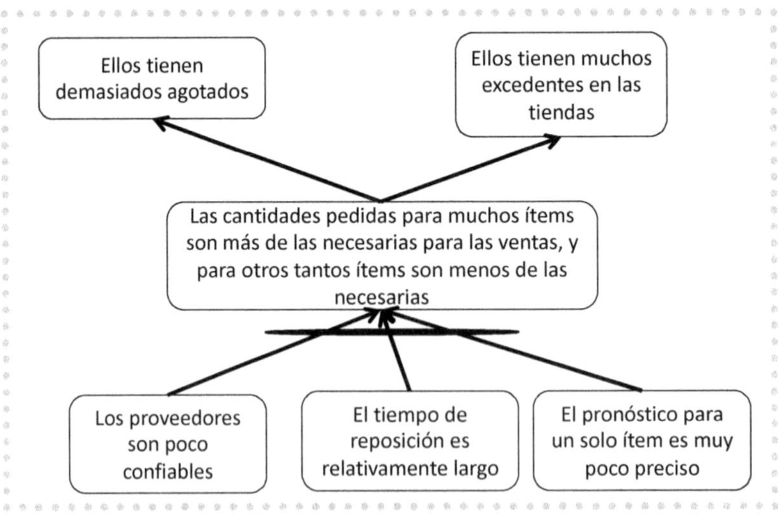

"¡Oye, nosotros no somos tan poco confiables!", protesto.

"Tú ya me dijiste que algunas veces la empresa no tiene lo que

los clientes piden. Aun si sacas este, la lógica sigue manteniéndose".
Entiendo el punto, pero necesito más claridad. "Si lo saco del análisis, las flechas no deberían tener una conexión entre sí, ¿cierto?".

"Puedes borrar esa parte de la conexión, la verdad es que no hace ninguna diferencia", responde Bill, e inmediatamente pregunta, "¿Ves o se te ocurre cómo cambiar cualquiera de estas causas?".

"Desde el punto de vista de los clientes, parece muy difícil reeducar a los proveedores, hacer alguna magia para mejorar el pronóstico o para reducir los tiempos de reposición".

"¿Por qué dices que es muy difícil para ellos reducir el tiempo de reposición?". Rayos, a este Bill nunca se le acaban las preguntas.

"Si pidieran más frecuentemente, sus gastos administrativos serían mucho más altos, para poder tener todas las personas requeridas para hacer los pedidos para todos los artículos a muchos proveedores, en cantidades pequeñas. Además, estas cantidades suelen ser menores a las cantidades mínimas de pedido que nosotros, los proveedores, les ponemos como condición". El demonio siempre está en los detalles.

"¿Por qué les exigen cantidades mínimas de pedido por cada producto?".

"Bill, yo sé que debemos estar abiertos a las alternativas y cambios, pero ahora no estás teniendo en cuenta el ABC de la manufactura. ¿Has escuchado sobre el lote económico de pedido?[9] Necesitas tener lotes mínimos para poder aprovechar las economías de escala, ¿no te parece?".

"Richard, incluso si estuviese de acuerdo, no necesitas forzar a tus clientes con compras mínimas, porque puedes obtener esas cantidades necesarias sumando los pedidos que provienen de varios clientes. Esa no es una buena razón para el EOQ".

"Pero aún tendrían el problema de tener que andar pidiendo a cada rato muchos productos a muchos proveedores".

"Okey, bien, parece difícil y enredado. Sería mucho mejor si lo pudiéramos hacer más simple. Pero por ahora miremos las consecuencias de reducir el tiempo de reorden a solo un día".

---

9   N.A.: EOQ - *economic order quantity.*

"¡Un día! ¡Y yo que pensé que estabas proponiendo algo razonable!"

"Vamos, vamos, deja la alharaca, solo imagínate por un momento qué pasaría si tus clientes pudieran reponer diariamente lo que se vendió ese día".

"Está claro que sus inventarios serían mucho menores, y pienso que los excedentes no deberían ser ya un problema, además los agotados deberían ser repuestos y resueltos mucho más rápido. Eso está muy bien, pero son los clientes los que deciden *qué, cuándo y cuánto* van a comprar. Yo la verdad no veo por dónde vamos a convencerlos de cambiar eso". Esta es una de esas ideas brillantes que nadie puede poner en práctica.

"¡Richard, todos estos no son sino obstáculos! Mi afirmación es que si tu compañía ofrece un servicio que asegura mucho menos inventarios acoplados simultáneamente con una mejor disponibilidad, automáticamente te vas a encontrar en un océano azul. Tus clientes adorarán un servicio que mejore su rentabilidad de forma tan directa. ¿Qué te parece, qué piensas?".

"La verdad es que me parece que esta idea no es nada nueva, ya muchas compañías lo han intentado y han fracasado en el intento".

"¿Tú te refieres a las ideas como las reportadas en el libro acerca de estrategias de océanos azules?". Bill me mira con ojos escrutadores.

"Okey, pero solo si podemos ver con claridad cómo hacer esto de forma práctica, sin riesgos, si no, es solo una idea fugaz, un castillo de naipes".

"Estoy de acuerdo. Este momento es ya hora para las cervezas, nos las merecemos. ¿Quieres que examinemos esta idea mañana en la mañana? Yo estoy dispuesto a dedicarle mi sábado a esto, si tú estás dispuesto a trabajarlo".

"Muy bien, pero solo en la mañana, porque ya tenemos organizado un asado con la familia. Estás invitado por cierto, si nos quieres acompañar".

"Muchas gracias, me encantaría acompañarlos, pero yo también hice planes con la familia. Nos vemos luego".

Yo trato de digerir todo lo que hemos hecho hoy. He cambiado o mejorado mi punto de vista de lo que realmente es un plan estratégico. Si Bill tiene razón, y podemos hacer que esta idea despegue sin una colisión catastrófica, entonces solo una cosa guiará nuestras acciones en los próximos meses. Y ahora veo cómo esa larga lista de cosas importantes será reducida *dramásticamente* (ambas, drásticamente y dramáticamente). Con ansias deseo que ya llegue mañana.

XIII. Si no tenemos las capacidades, las construimos

ME DESPERTÉ ESTA mañana con una extraña sensación de claridad que había olvidado. Sé exactamente qué necesitamos hacer, pero no tengo ni la más mínima idea de cómo hacerlo; pero al ver la seguridad con la que Bill hablaba anoche, estoy lleno de confianza.

Tras tomarnos un café, Bill inicia la reunión sin más preámbulos.

"Richard, es esencial que no perdamos el enfoque. Me gustaría que resumieras todo lo que hicimos ayer, por favor".

"Ayer llegamos a la conclusión de que todos nuestros problemas actuales en todas las áreas están conectadas a un conflicto medular. Básicamente, siempre estamos luchando para proteger la operación actual con alguna acción de corto plazo. Y también tratamos de planificar para crecer en el futuro, excepto que con frecuencia las medidas que tomamos para crecer contradicen a las primeras que atienden al control de la operación. Yo entendí que mientras no eliminemos el conflicto, todos los problemas continuarán apareciendo, sin importar lo duro que trabajemos en ellos. Resolvemos algunos de forma temporal, solo para provocar la reaparición de los otros. Pasado el fragor de la batalla, todo parece mucho más claro, ¿no te parece?".

"Eso fue un excelente resumen del problema, que por cierto, es exactamente el mismo para muchas otras compañías. Y si te conozco bien, tú no estás diciendo esto para hacerme sentir bien, ¿no es así?". Ambos soltamos una carcajada. Bill me conoce muy bien. Yo prosigo con el resumen.

"Después de darnos cuenta de que el conflicto es la madre de todos los problemas, tratamos de invalidar algunos supuestos en la nube de conflicto. Y tuvimos la brillante idea de crear una situación donde la competencia se hace irrelevante, lo que se ha llamado un océano azul".

"Por el tono de tu voz, me doy cuenta de que piensas que esas ideas brillantes no son siempre posibles, ¿cierto?".

Eso es exactamente lo que estaba pensando. "Es muy difícil creer que siempre es posible generar estos océanos azules".

"¿Por qué? Lo que quiero decir es, ¿estás de acuerdo con la idea de que el conocimiento es infinito?". De nuevo Bill se me está poniendo filosófico, mejor lo sacudo para reenfocarlo.

"Sí, pero yo quiero ser práctico".

"Bueno, basados en los hechos de que el conocimiento es infinito y que nuestro conocimiento es limitado, puedo concluir que el conocimiento de toda la humanidad junta, es nada comparado con lo que todavía no sabemos. ¿Pensamiento perturbador?".

Yo nunca me había hecho esa reflexión antes. La conclusión es clara y me atrevo a añadir más. "Lo más increíble sería que no se pudiera encontrar un océano azul en algunos casos… Okey, anótate este punto a tu favor también". Bill sonríe, pero con una expresión distinta que no voy a tratar de descifrar en este instante.

"Entonces Richard, ¿dónde nos quedamos ayer?".

"Ahh sí, la brillante idea para mi compañía fue que nos imaginemos un servicio donde nuestros clientes aumentan su rotación del inventario, con inventarios significativamente menores y una disponibilidad mucho mejor. Si ellos venden más, nosotros vendemos más. Y por supuesto, incrementaremos nuestra participación de mercado al ofrecer este increíble servicio. Pero francamente, no veo cómo es que lo vamos a hacer".

"Muchas gracias, ese fue un resumen perfecto. Lo primero que debemos notar es que tu percepción de lo que constituye una dificultad, rayando en lo imposible, para construir un servicio de esta naturaleza, es exactamente el componente que lo hará difícil de imitar. En este caso, no estamos creando un nuevo mercado, sino más bien nuevas condiciones en un mercado actual que hará que las aguas a tu alrededor se tornen azules. Hoy debemos mirar y pensar qué se necesita construir para poder crear este océano azul para tu compañía".

"Tal vez deberíamos comenzar con un estudio de los inventarios reales ubicados en los depósitos o almacenes de nuestros clientes". Yo quiero que este esfuerzo esté pegado a la realidad y con cable a tierra.

"Richard, mi amigo querido, ya tenemos esa información. La conocemos por la deducción lógica que hicimos, debido a los síntomas que observas todos los días". Bill deja bien establecido este punto. Todos estos estudios tomarían tiempo y dinero solo para confirmar algo de lo que estamos bastante seguros de cómo funciona hoy. Me quedo quieto, espero intranquilo.

"Saber que necesitamos ofrecer un servicio como este, nos lleva a examinar y pensar en los obstáculos que nos impiden ofrecer este servicio hoy mismo. ¿Qué se te ocurre, cuáles pueden ser los obstáculos?".

"Eso está fácil. No podemos forzar a nuestros clientes a aceptar nuestros embarques en los tiempos y cantidades que nosotros queramos. Y también puedo ver lo difícil que será manejar la producción si estamos cambiando nuestra programación con cada pequeño cambio en la demanda. Y finalmente, no queremos que nuestros gastos logísticos y de transporte aumenten demasiado".

Bill va a la pizarra, la borra y escribe dos viñetas: 'Construir capacidades logísticas' y 'Construir capacidades comerciales'.

"Básicamente necesitamos ver qué cambios se requieren en tus operaciones, tanto logísticas como comerciales. Y yo quisiera que empecemos por producción y distribución, ¿de acuerdo?".

"Usted manda, jefe". Yo me siento cómodo con el proceso a estas alturas y confío en que estamos progresando a definir algo muy interesante.

"Para comenzar a mirar qué cambiar en producción, quiero primero introducir los principios del flujo, porque cualquier producción se trata de un flujo de materiales a través de un proceso. ¿Te leíste el artículo que te envié ayer en la noche?".

"Lo siento mucho, yo vi que llegó el correo pero estaba muy cansado para leer cualquier cosa anoche". Por lo menos le digo la verdad.

"No te preocupes, ya lo leerás más adelante. El artículo se llama "Sobre hombros de gigantes" (*Standing on the Shoulders of Giants*[10]),

---

10   *Standing on the Shoulders of Giants*, E.M. Goldratt (2008), se puede encontrar en internet; algunos sitios:

http://www.goldrattschools.org/pdf/shoulders_of_giants-eli_goldratt.pdf,

http://www.youtube.com/watch?v=C3RPFUh3ePQ,

escrito por el Dr. Goldratt. Quisiera resumir los conceptos de ese artículo y desarrollar nuestras ideas a partir de ese punto". Asiento, mostrándome de acuerdo, y Bill se mueve a la pizarra, y escribe subrayando 'Principios del flujo', y más abajo escribe cuatro viñetas. Lee la primera en voz alta.

"Mejorar el flujo es el objetivo primario de las operaciones. ¿Estás de acuerdo con esta afirmación?".

"Por supuesto que sí". Quién no lo estaría, pienso para mis adentros.

"Antes de que asientas apresuradamente, considera que cualquier cosa que contradiga esta declaración debe ser rechazada. La pregunta es, si bien suena tan obvio, ¿tú todavía quieres adoptar este principio para guiar tus operaciones?".

Entonces debo pensar un poco más. No puedo encontrar dónde está la trampa o el error. Es obvio que las operaciones existen fundamentalmente para asegurar que los materiales fluyan por ellas.

"Si estás insistiendo en este punto, ¿será porque otras personas no estarían de acuerdo?". Yo quiero estar seguro de que no estoy dejando nada importante por fuera.

"Oh no, no creo que nadie se oponga. Pero al minuto siguiente, estarían tomando medidas totalmente contrarias y obstruyendo el flujo de la producción". Como mi cara es un mar de confusiones, Bill continúa, "Por supuesto, eso no debe sorprenderte ahora que tú entiendes hasta qué punto los buenos gerentes están acostumbrados a vivir dentro de un conflicto".

"Okey, entonces esto es solo una advertencia".

"Sí, y una forma de enfocar nuestra conversación en una sola cosa". Asiento y le hago una seña para que continúe.

"Si mejorar el flujo es nuestro objetivo, debemos tratar de remover los principales obstáculos al flujo, comenzando por el más grande de todos. ¿Sabes cuál es?".

http://www.scielo.br/pdf/gp/v16n3/v16n3a02.pdf (Gest. Prod., São Carlos, v. 16, n. 3, p. 333-343, jul.-set. 2009),

http://business.management6.com/Standing-on-the-Shoulders-of-Giants-Production-concepts-versus-download-w3461.pdf,

Pruebo con un tiro al aire, sabiendo que tarde o temprano me va a dar la respuesta. "Yo asumo que los cuellos de botella".

"Los cuellos de botella son recursos que no tienen suficiente capacidad para la demanda que se les exige, pero no son obstáculos. La mejor manera de entender este concepto es utilizar una situación familiar. ¿Has transitado por una calle muy congestionada? ¿Cómo comparas el flujo de esta situación con la situación cuando la misma calle tiene solo la mitad de los vehículos circulando que ahora?".

"Ya veo, la calle puede tener un cuello de botella, pero aun así no obstruir el tráfico. Entonces el obstáculo más grande al flujo es el exceso de vehículos, ¿cierto?".

"Más precisamente, el obstáculo más grande al flujo en cualquier situación es el exceso de trabajo en proceso o WIP (Work in Progress). Entonces, el segundo principio proviene de este hecho: Este objetivo primario debe traducirse en un mecanismo práctico que guíe las operaciones a cuándo no producir (evitar la sobreproducción). En otras palabras, necesitamos un mecanismo para controlar el WIP para que no exceda un cierto nivel".

"Tiene mucha lógica". Yo no veo aún cómo esto nos lleva a tener que cambiar algo en producción.

"Consideremos ahora un proceso típico, como la calle o un proceso de fabricación. El cuello de botella no es usualmente el primer recurso u operación, ¿cierto?".

"Si sabemos que un proceso genérico puede tener muchos recursos, entonces estoy de acuerdo en que es muy poco probable que el primer recurso sea el cuello de botella, por lo menos no en el caso genérico".

"¡Siendo así, si reducimos la entrada de WIP por unidad de tiempo, es muy posible que muchos de los recursos reciban muy poco material, hasta el punto que se quedarán sin nada que procesar, y dejarán de trabajar!".

"Ahora estoy viendo a dónde lleva esto. Estos recursos van a tener tiempo disponible o van a reducir su velocidad para tratar de aparecer ocupados más tiempo. Ya he visto este fenómeno antes y lo atribuí todo a la flojera". Ahora me está haciendo entender que este comportamiento equivocado es causado por un conflicto.

"Pero Bill, como ya he visto esto antes en nuestra producción, es posible que ya estemos teniendo algo de control sobre la cantidad de WIP que manejamos".

"Veamos, dime algo Richard, cuando tú ves a alguien ocioso, sin nada que hacer, ¿cuál es tu reacción o qué sensación te genera?".

"Yo siento que estamos desperdiciando capacidad y le digo a nuestro gerente de producción, muy enfáticamente por cierto, que necesitamos mejorar nuestras eficiencias".

"El tercer principio es que las eficiencias locales deben ser abolidas, precisamente para evitar los indicadores que solo resultan en poner presión y en acciones para incrementar el WIP". Finalmente el monstruo saca la cabeza de su escondite. El cambio profundo que se requiere es dejar de medir las productividades en cada centro de trabajo, sus eficiencias. Esto sí que es atrevido.

"Si dejamos de utilizar esos indicadores, ¿cómo vamos a incentivar a nuestros colaboradores? ¿Cómo vamos a calcular nuestros costos?". Estoy tratando de entender si esto no es solo una visión parcial y corremos el riesgo de ignorar aspectos importantes de administrar la compañía.

"Tú no necesitas incentivos locales o costos unitarios para poder administrar tu compañía".

Me quedo pensativo un instante y digo. "Estás diciendo que muchos de los cursos en las universidades están mal del todo, ¿te das cuenta de esto?". Quiero estar seguro de entender lo que estoy entendiendo.

"Sí, así es. ¿Y qué?". Bill se muestra un poco arrogante ahora. "Antes de que me llames arrogante, déjame recordarte nuevamente la historia de Gregor Mendel y las leyes de la herencia. ¿Puedes señalar o encontrar algún error en la derivación lógica que llevamos hasta ahora?".

"La verdad es que no, pero es difícil creer que tantos profesores y profesionales estén equivocados y que lo han estado por largo tiempo. Y mucho más aún, recuerda que continuamos utilizando estos criterios como estándar, esa es la convención en nuestra industria, ¡diablos!, es la convención casi en todas partes".

"Cuando leí por primera vez *La meta,* mi reacción inicial fue exactamente esta. La lógica era tan clara, el libro estaba tan lleno de puro sentido común que me tomó solo un minuto aceptar que yo tenía muchos supuestos equivocados en la base de mi entendimiento y mi mal llamado conocimiento de operaciones. Eso fue hace dieciséis años y no he encontrado ninguna razón hasta ahora que me haga arrepentirme de mi decisión".

Bill continúa, "De todas maneras, seguramente tú ya has visto las teorías derivadas del sistema de producción Toyota[11], como Justo a Tiempo[12], hoy en día conocido como LEAN, con muchas derivaciones como la Manufactura de Respuesta Rápida conocida como Quick Response Manufacturing o también el método POLKA".

"Yo solo he escuchado acerca de Toyota y LEAN".

"No importa; hay muchas teorías de manufactura que promueven el control del WIP como mecanismo para mejorar el flujo. El problema es que ninguna de ellas se enfoca o enfatiza en las consecuencias de las medidas que se toman para reducir los costos unitarios, por ejemplo".

"Yo he sabido de fracasos en la implementación de LEAN, ¿es esa la razón del fracaso?". Me interesa saber, porque el año pasado un consultor casi me convence de implementarlo en nuestra empresa.

"No, no realmente. Sugiero que leas el artículo y verás las razones que explican por qué LEAN no funciona en la mayoría de los ambientes de producción, y verás que todas ellas se derivan de la existencia de la variabilidad que proviene de tres fuentes: la demanda, la carga sobre los recursos y los procesos".

"Bueno, entonces las eficiencias locales no son importantes. Siendo así, entonces quiero saber qué debo medir en su lugar".

"Ya vamos a mirar tu caso particular en unos minutos. El último principio es que un proceso de enfoque para equilibrar el flujo debe ser implementado. En otras palabras, se requiere un mecanismo para continuamente mejorar el flujo".

"Acabamos de volver al mundo convencional, todo el mundo anda predicando la mejora continua".

"Richard, debes entender que todos esos gerentes y profesores que mencionaste son personas muy inteligentes. Todos sus objetivos son también los míos. Yo no estoy de acuerdo con sus tácticas, debido a los supuestos errados que las definen. Eso es todo".

Y pensar que fue apenas hace unos cuarenta y cinco minutos que yo pensaba diferente acerca de producción. Ya estoy muy cansado. "Bill, ven, creo que los cappuccinos nos están llamando antes de continuar".

---

11   TPS: Toyota Production System.

12   JIT: *Just in Time.*

XIV. Principios y aplicaciones

BILL COMIENZA. "LOS principios del flujo son genéricos y universales. Ahora nos toca revisar la aplicación de estos principios de forma que se ajusten bien a tu situación específica".

Como tengo una mirada de tonto y confundido, Bill dice, "¿Conoces cuáles son los principios para conducir un vehículo?".

"Bueno, sí, mover el volante y pisar el acelerador…".

"Eso es manejar un automóvil, ¿cierto? Pero los principios son genéricos. Permíteme que te diga lo que yo pienso y me dices si estás o no de acuerdo. Para conducir un vehículo solo necesitas dos principios: controlar la dirección y controlar la velocidad".

"Correcto. La aplicación es de hecho el procedimiento particular dependiendo del vehículo. Es distinto para un automóvil que para un submarino, ¿cierto?".

Bill asiente, "Muy bien, ahora que sabemos esto, necesitamos unos procedimientos para manejar el flujo en por lo menos dos operaciones de tu compañía, producción y distribución. Y me gustaría que comencemos por distribución primero".

"La verdad es que como que no te sigo. Hoy en día embarcamos cualquier cosa que el cliente compra. ¿Qué más piensas que necesitamos?".

"Ayer llegamos a la conclusión de que reponiendo solo el consumo más frecuentemente podemos reducir el inventario y que mejoraríamos la disponibilidad. ¿Tenéis algún almacén regional?".

"Tenemos dos, ubicados en sitios lejos de aquí".

"Si tú mantienes inventarios en el almacén de planta, ¿cuál es entonces el tiempo de transporte a cada una de esos almacenes?".

"Tres días por camión".

"¿Tienes una idea de cuánto inventario mantienes hoy en día en esas localidades?".

"Sí, claro que lo tengo. Es una política que comenzamos el año pasado para poder reducir nuestros inventarios. Pusimos como objetivo tener un mes en cada almacén".

"Debido a que el tiempo de transporte es el único componente del tiempo de suministro o reposición, probablemente tenéis en existencias como un mes, porque puedo apostar que se está reponiendo con algún tipo de procedimiento MIN/MAX, para asegurar lotes económicos, etc".

"Sí, es correcto, establecimos el máximo para una reposición equivalente hasta un mes de ventas y solo se dispara una reposición cuando el inventario decrece por debajo del mínimo.

"¿Con qué frecuencia envían camiones a surtir los almacenes?".

"Estamos enviando camiones casi a diario".

"Con solo estos datos, te puedo decir que tienes tanto exceso de inventarios para la mayoría de los ítems como agotados frecuentes para algunos otros artículos, en los almacenes regionales. ¿No es así?". Oye, esto se está pareciendo mucho a un interrogatorio o parece que yo estuviese pasando examen aquí, menos mal que esto de verdad es de mi interés, especialmente debido al potencial de reducir mis inventarios sin sacrificar las ventas; y tan pronto asiento con mi cabeza, siento como mi frustración se refleja en mi cara. Bill sigue adelante, "Más aún, el mecanismo MIN/MAX dispara una nueva orden basado en el nivel físico del inventario. Pero no debemos olvidar que el consumo es variable; por lo tanto, se sigue que el tiempo de reorden también se hace variable. Ahora estás en una situación donde el MAX está siempre equivocado porque depende de un tiempo de reposición variable".

Yo me siento capaz de entender y completar este razonamiento. "Ayer vimos que el nivel de inventario debe ser el máximo consumo esperado dentro del tiempo de reposición. Si este tiempo es variable, ¡cualquier nivel de inventario que escojamos entonces va a estar equivocado!". Esto es algo lógico. ¿Cómo es que todo el mundo sigue utilizando estos procedimientos defectuosos? "Déjame ver si entiendo bien. Tú estás proponiendo que repongamos diariamente solo aquello que se ha consumido en cada almacén cada día. ¿Estoy en lo correcto?".

"Sí, así es".

"Pero hay ítems que solo se venden en cantidades muy pequeñas. ¿Piensas que incluso enviar estos artículos diariamente es económicamente viable?". Yo no quiero simplemente obviar o no prestar atención a aspectos importantes como los costos de transporte. ¡Tal vez a Bill no le importen, pero a mí sí, y mucho!

"Tú dijiste que envían camiones casi todos los días a cada uno de los almacenes regionales. Estoy seguro de que no los envías vacíos o casi vacíos, y también sé que no hay una acumulación infinita de inventarios en los almacenes. Entonces, mi conclusión es que estás vendiendo cada día aproximadamente un camión lleno. ¿Tienes alguna política que les impida mezclar mucha más variedad de artículos en el mismo camión?".

¡Qué vaina, Bill gana otra vez! "No la tenemos, y ahora entiendo lo que tratas de decir. De hecho, tomar esta forma de responder a los almacenes regionales significa que estaremos enviando solo aquellos ítems que son demandados por el mercado".

"Muy bien dicho, es un cambio de empujar a estirar *(push-pull)*. Y habrá que recalcular esos niveles máximos de inventario, de acuerdo ahora con el tiempo de reposición que es tres días. En TOC, a esos niveles de inventarios les llamamos amortiguadores o *buffers* en inglés".

"¿Amortiguadores? ¿Como los amortiguadores de los automóviles?". Bonita jerga.

"Estos inventarios trabajan exactamente igual a los amortiguadores de los automóviles, absorbiendo la variabilidad en el camino para proteger el auto y hacer el viaje más cómodo y suave".

"Entonces estos amortiguadores son las cantidades de inventario físico que mantenemos en el almacén regional para atender la demanda que tiene fluctuaciones, ¿correcto? Es todo el inventario, incluyendo el inventario de seguridad".

"Yo no lo hubiese expresado mejor. Ahora puedes ver que el concepto de amortiguador es el colchón de seguridad que permite estar preparado para lo inesperado".

"Esta parte sí no la entendí". Bill acaba de hacerme perder en el bosque nuevamente.

"La incertidumbre del consumo significa que de vez en cuando la demanda será superior a la esperada y entonces te vas a quedar corto en el almacén regional. ¿Qué ocurre en ese momento?".

"Muchas veces colocamos un pedido y embarque urgente a nuestro almacén de planta. ¡El amortiguador protege al sistema de estas urgencias!".

"Yo diría que… ¡Misión cumplida! Acabamos de ver cómo TOC, con herramientas simples, puede eliminar las causas de lo urgente".

"¡Ni se te ocurra detenerte aquí!", lo digo riéndome, mientras me doy cuenta de que está en lo cierto, absolutamente correcto. Con la nube para resolver las desalineaciones entre la autoridad y la responsabilidad, podemos dar cuenta de la mala delegación; con el análisis de causa-efecto y encontrando la causa raíz, podemos resolver la larga lista de problemas importantes; y con el concepto de los amortiguadores, concluimos que no estamos preparados para los imprevistos. ¡Esto debería ser materia obligatoria en todos los MBA!

"No te preocupes, que a menos que te detengas, yo estoy dispuesto a terminar lo que ya empezamos". Yo no necesitaba esa garantía para sentirme seguro.

"Veamos, ahora que necesitas menos inventarios en ambos almacenes regionales, puede ser útil que devuelvas una buena cantidad de inventario de regreso al almacén de planta. Y también deberías recalcular los amortiguadores para ese almacén. Claro que si no tienes un almacén de planta, vas a necesitar uno, ya sea que lo alquiles o lo construyas". Bill espera pacientemente a que yo asimile estos ganchos de derecha.

"¡Oye Bill, si yo regreso el exceso de inventarios, mi almacén de planta se va a llenar en un segundo!". Este es uno de mis problemas actuales y que me tiene loco, yo definitivamente no quiero empeorarlo más de lo que ya está.

"Eso es posible, pero es necesario. Sin embargo, considera lo siguiente: el consumo desde el almacén de planta agregará todas las ventas de la compañía," dice Bill y se acerca a la pizarra. Dibuja cuatro cajitas con una gráfica mostrando un patrón de alta fluctuación, y una caja más grande en el medio.

"Mira esto. Consideremos que estas cuatro cajitas son puntos que tú abasteces con tu almacén de planta, que es esta caja más grande aquí", dice, mientras señala cada uno de los gráficos. "¿Te das cuenta?, estas fluctuaciones por fuerza implican altos niveles de amortiguadores para asegurar una buena disponibilidad en cada punto de consumo. Pero ahora, toma dos de estas y verás que las fluctuaciones de ambas juntas se promedian, son menores; entonces, mientras más puntos agregues, menor será la fluctuación".

"Yo ya había llegado a esa conclusión. Por lo tanto, mi almacén de planta debe necesitar mucho menos inventario de amortiguadores, en comparación con la situación actual. Pero el problema es que aún tengo roturas de inventario o faltantes de algunos ítems en mi almacén de planta. ¿Por qué sucede?". He sabido esto desde hace mucho tiempo, pero no he podido entenderlo.

"El hecho de que tengas un almacén de planta no es suficiente para agregar las ventas. Mientras tus clientes sigan comprando basados en sus pronósticos, tú solo vas a recibir información errónea para planificar tus reposiciones. Ahora tienes una oportunidad para probar este concepto nuevo en tus dos almacenes, los regionales que tú controlas". Bill me espera una vez más hasta que yo lo alcance pensando, no es tan fácil.

"Muy bien, pero el inventario excedente en los almacenes regionales hoy en día es más que la capacidad en nuestro almacén de planta". Debo tener mucho cuidado con estas decisiones.

"Richard, no tiene sentido alguno el regresar todo el excedente de inventario solo para tener que reponer algo de lo mismo nuevamente en unos pocos días. La decisión usual en estos casos es de volver todos los ítems que están por encima del doble de los niveles de amortiguador calculados con la fórmula. Aun así, no me extrañaría que se requiriera capacidad adicional o extra en el almacén de planta por un tiempo".

"Eso podría funcionar," digo más esperanzado que convencido.

"Y los amortiguadores en el almacén de planta serán más bajos también," replica Bill.

Yo trato de conectar los puntos. "Ahora, el tiempo de reposición para el almacén de planta es solo el tiempo de producción, ¿no es cierto?".

"Correcto, y vas a necesitar disparar órdenes de producción frecuentes. Por ejemplo, órdenes semanales, corregidas o ajustadas a los lotes técnicos".

"¿Qué significa eso?".

"Eso significa que tu almacén de planta repondrá a tus almacenes regionales cada día y registra cada embarque como un consumo suyo. Una vez por semana, todos los consumos acumulados para cada ítem se suman, y se emite la orden de producción para que ese ítem sea fabricado y resurtido al almacén de planta. Si la cantidad de la orden requerida es menor a un lote técnico mínimo, entonces tú debes corregir y ajustar la orden con esta cantidad mínima. Un lote técnico mínimo significa o se define como la cantidad mínima requerida por el proceso o la máquina para poder operar, sin daño".

"En promedio, el inventario que se requerirá y que estará ocupando espacio en el almacén de planta será o estará entre una y dos semanas; el resto debería ser o estar como WIP en producción. Entonces es muy posible que comencemos abarrotados de inventario, pero eso será una situación temporal. Además, nuestra planta será capaz de ponerse al día muy rápido con todos los agotados o faltantes en este periodo, debido a que no se emitirán órdenes para los ítems que están por encima de su amortiguador". Bill asiente y se queda quieto. Le agradezco que me permita respirar, pensar y absorber todo esto, y recapitular.

"Entonces, resumiendo, el primer paso es reponer el consumo real en los almacenes regionales y en el de planta. Con estos pasos estaremos controlando el WIP y mejorando el flujo". Bill asiente a cada parte de mi resumen, no está mal. "¿Y eso es todo?".

"Este es el mecanismo para movilizar los productos, pero tú necesitas además el mecanismo para equilibrar el flujo cuando la demanda fluctúa. Necesitas ajustar los amortiguadores de acuerdo con las tendencias con las que se mueva el consumo".

"¡Ajá, finalmente! ¡Ahora sí podremos utilizar nuestro súper software para pronósticos!".

"Sí, se podría, pero yo tengo una sugerencia más simple". Bill pasa a la pizarra y la borra, eliminando las notas y gráficos de la discusión que acabamos de concluir. Ahora dibuja un rectángulo vertical y escribe la frase 'nivel objetivo' cerca de la esquina superior izquierda. Y explica, "Para cada ítem en cada ubicación vamos a tener un nivel objetivo de inventario. Las cantidades en mano, que son las existencias físicas, en esta ubicación o localidad, más las cantidades en tránsito más el consumo desde la última orden emitida deben ser equivalentes o iguales a este nivel objetivo".

"Permíteme ver si entendí. Justo después de una orden de reposición, las cantidades en mano más las cantidades pedidas son iguales al amortiguador. En otras palabras, la orden de reposición solo debe completar el nivel del amortiguador, ¿correcto?". Yo sé que esto es exactamente lo que acabamos de decir, haciendo la reposición solo del consumo, pero ahora lo estamos relacionando con el amortiguador.

"Exactamente. El consumo fluctúa, pero si el promedio en el tiempo es el mismo, se mantiene, entonces este método nos asegurará estabilidad en el sistema. Pero la pregunta que hay que responder es: ¿qué pasa cuando la demanda aumenta o decrece?". Bill espera a que yo responda.

"Cuando la demanda aumenta, el inventario en mano se va reduciendo cada vez más. Y cuando la demanda decrece, el inventario en mano permanece cerca del tope de ese rectángulo". Yo prefiero estas explicaciones simples, sin tantas fórmulas complicadas.

"TOC propone un método muy simple para ajustar los niveles objetivo de inventarios cuando la demanda muestra una tendencia creciente o en la dirección contraria. Como dijiste, una demanda creciente se va a manifestar en niveles bajos de inventario en mano o en sitio. Si le asignamos el color rojo al primer tercio inferior del amortiguador, entonces cuando el color del amortiguador permanece en rojo por mucho tiempo es una señal para entender que el amortiguador debe ser más grande; esta es una señal de que estamos en riesgo de tener un agotado. El método nos advierte que debemos incrementar el amortiguador en una cantidad equivalente a un tercio de su tamaño actual". Mientras está explicando esto, va dibujando dos líneas que dividen al rectángulo en tres zonas equivalentes a las cuales les escribe 'rojo' en la zona inferior.

"Muy sagaz, en lugar de tener que mantener registros de la zona de peligro para cada ítem con números, solo pintamos el tercio inferior de color rojo, independientemente del tamaño del amortiguador".

"Cuando la demanda decrece, el inventario en mano o en sitio va a resultar mucho más de lo que se necesita para proteger la disponibilidad. Al tercio superior se le asigna el color verde, y cuando el inventario en mano está siempre en verde por un tiempo de reposición, el método sugiere reducir el amortiguador en un tercio. Por supuesto, el inventario en mano estará por encima del nuevo máximo después del ajuste, es decir en color verde por un tiempo. Ninguna nueva orden de reposición será emitida mientras el inventario en mano esté por sobre el color verde. De esta forma, se reduce el inventario cuando la demanda está a la baja". Escribe 'verde' en el tercio superior del rectángulo.

"Me imagino que el tercio del medio de este gráfico significa que hay estabilidad. ¿Es acaso amarillo?".

"Sí, siguiendo una regla no formal de utilizar verde, amarillo y rojo. Cuando el inventario en mano es cero, el ítem se encuentra agotado, y en ese caso, el color que se pinta o se asigna es negro". Bill termina de escribir 'amarillo' en la caja central que queda.

Yo pienso por un momento y especulo una explicación. "Este método es como una fórmula muy simple para el pronóstico, como un promedio móvil, ¿cierto?".

"Correcto. Cuando reponemos solo el consumo, estamos asumiendo que el pasado inmediato se repetirá en el futuro inmediato. Con los ajustes a los amortiguadores solo seguimos las tendencias del promedio móvil".

"Esto es sorprendentemente simple. ¿Y siempre funciona? Es decir, ¿con esto ya uno no tiene más excedentes ni agotados?". Yo sospecho que este método necesita más detalles pero me gusta mucho su simplicidad.

"Por supuesto, no va a funcionar en situaciones anómalas, donde la demanda fluctúa en grandes intervalos. Existen también otras consideraciones cuando el nivel objetivo del inventario es mucho menor que una unidad. Y por supuesto, toda la información conocida debe utilizarse como un insumo para el sistema, por ejemplo, los picos de demanda en temporadas, como en Navidad. Pero la respuesta corta es sí, esto funciona de maravilla en todos los lugares donde lo hemos puesto en marcha".

"¿Qué más te parece que debo conocer o saber acerca de distribución?". No quiero perderme nada.

"Ya discutimos el mecanismo de reposición, la gestión dinámica de los amortiguadores y el porqué los costos no se incrementan. Ahora la única pregunta por resolver es, ¿cómo administrar la producción, cierto?".

"Si hacemos esto, ¿qué crees que podemos hacer con nuestro nuevo y sofisticado sistema de pronósticos?".

"La verdad Richard, yo no creo que tú quieras oír mi respuesta a esa pregunta". Bill se ríe y añade, "No hagas nada, guárdalo. Lo podrás utilizar cuando quieras. Hay algunas ocasiones especiales donde yo utilizaría un buen software para generar unos pronósticos, pero no quiero desviar nuestra atención ahora con las excepciones".

"Bien, qué te parece otro cappuccino y podemos terminar a tiempo para el almuerzo familiar, ¿vamos?".

XV. Mismos principios, distinta aplicación

AÚN TENEMOS UNA hora más, siento que hemos ido muy rápido. La distribución fue vergonzosamente simple, pero producción es otra cosa, con toda la complejidad de las máquinas. Yo no creo que podamos completar esta parte hoy mismo. Ya estamos de vuelta para continuar.

"Ahora tenemos que saber qué hacer con producción. Nuevamente, las únicas cosas importantes en este aspecto son planificar qué vamos a hacer y luego controlar su ejecución". Bill luce como si estuviese esperando algo. "¿Y bien?", dice inquisitivo.

"¿Qué, estás bromeando, eso es todo?". Yo no entiendo qué es lo que quiere.

"Yo pienso que a estas alturas, tú puedes decir exactamente cuál es el plan y cómo controlar su ejecución".

"Yo te puedo contar qué es lo que hacemos ahora en la compañía. Tenemos programas para las máquinas para poder optimizar la utilización de la capacidad y controlamos esta utilización a través de los reportes de producción diarios".

Bill no parece estar impresionado en lo más mínimo. "Dime si me equivoco, pero yo diría que los reportes diarios muestran desviaciones frecuentes con respecto del plan, hasta el punto que se deben hacer cambios diarios en ese plan".

"Pues por supuesto que los hacemos. Esto es el mundo real, donde uno se debe adaptar a lo que la realidad manda".

"Y también puedo adivinar que tienen a veces algunas emergencias que cambian el plan también". Ahora sí esto no me impresiona a mí para nada. Esto es algo que se conoce muy bien en el mundo de la manufactura, donde la incertidumbre hace que sea muy complicado manejarlo, y todo el mundo lo sabe, incluyendo a Bill.

"Si vamos ahora a la planta de producción, ¿cuántas máquinas vamos a encontrar paradas, sin nada qué hacer?".

"¡Espero que ninguna! Pero tú sabes cómo es. De todas formas, nuestra productividad es relativamente alta y hemos trabajado duro en mejorarla, y hemos tenido cierto éxito haciéndolo".

"Muchas gracias por tu paciencia. Tú sabes por qué hago estas preguntas. Necesito validar algunos hechos antes de poder decirte qué cosas son las que necesitas cambiar o no. Tú definitivamente necesitas hacerlo con algunas cosas, pero no te preocupes, esto es tan simple como en el caso de distribución".

"Yo pensé que necesitarías conocer cada detalle del proceso". Yo no quiero que Bill vaya a sacar las conclusiones equivocadas.

"Mira, en producción tú tienes dos tipos diferentes de procedimientos: unos son los procesos que de hecho realizan la transformación del material y los otros son los procesos que se requieren para gestionar los recursos. Yo te puedo ayudar con el segundo grupo de procesos y para eso no necesito conocer los detalles del primer grupo en este momento".

Yo no estoy del todo convencido. "¿Qué pasa si necesitamos lotes mínimos?", pregunto, recordando lo que habíamos discutido antes.

"Estoy seguro de que lo traeremos a colación cuando sea apropiado y, además, ya dijimos que tú debes adaptar el tamaño de la orden de producción de acuerdo con los lotes técnicos mínimos. Para gestionar los recursos, tú necesitas una aplicación derivada de los cuatro principios del flujo. Más tarde podemos discutir los detalles de tu caso específico". Asiento con un leve movimiento de mi cabeza para indicarle a Bill que siga adelante.

"Déjame que te recuerde los cuatro principios del flujo: mejorar el flujo es el objetivo primario de las operaciones; debe implementarse un mecanismo para controlar el nivel de trabajo en proceso o WIP; las eficiencias locales deben ser abolidas, y debe existir un mecanismo de enfoque para equilibrar el flujo".

"Son los mismos que utilizamos en distribución. ¿El mecanismo es el mismo para producción?".

"Casi, hay algunas diferencias. En distribución controlamos el nivel de WIP estableciendo un amortiguador y solo reponiendo lo que se consume", comenta Bill.

"Pero ya mencionamos que las órdenes de producción se generarían solo para mantener los amortiguadores llenos en el almacén de planta".

"Correcto. Ahora, lo que quiero que consideres es que el tiempo de producción depende del flujo, ¿estamos? Podemos suponer con un cierto grado de seguridad, que el flujo se incrementa cuando tú controlas el WIP, entonces los niveles objetivo para los amortiguadores de los SKU deben calcularse con un tiempo de producción más corto. La mitad del tiempo actual para ser un poco más exactos, debe ser suficientemente seguro". Bill está llevando esta parte de la discusión lentamente, lo cual le agradezco.

"Entonces, los amortiguadores en el almacén de planta deben calcularse como si el tiempo de reposición ya fuese la mitad del actual, ¿estoy entendiendo bien?".

Bill asiente y dice, "Producción es el proveedor del almacén de planta, donde tenemos los primeros amortiguadores de producto terminado. En tu caso, es donde estás produciendo para proveer disponibilidad de los productos. El mecanismo de control de WIP es exactamente eso, se están reduciendo los niveles objetivo iniciales. Entonces, las órdenes de producción solo se generan cuando hay un consumo para alguno de los SKU en el almacén de planta. Y por supuesto, estas órdenes son corregidas de acuerdo con el tamaño del lote técnico y también con los ajustes sugeridos por el mecanismo de administración dinámica de los amortiguadores que ya revisamos juntos antes".

"¿Eso es todo?". Yo conozco a Bill, el comenzó por la esencia pero hay más.

"Tienes razón, disparar las órdenes de producción solo para reponer el consumo en el almacén de planta es el mecanismo de planificación. Para controlar la secuencia correcta, proveemos solo una instrucción a la planta de producción: seguir el sistema de colores para las prioridades; rojo es la más alta prioridad, luego el amarillo y por último el verde con la más baja".

"¿Cómo sabemos, entonces, cuáles órdenes deben ser rojas, o amarillas o verdes?".

"Lo establecemos según el estado del color del amortiguador en el almacén. Cuando hay más de una orden para el mismo ítem en producción, la primera orden toma el color del estado actual del amortiguador, la segunda orden toma el color del amortiguador como si la primera orden ya hubiese sido entregada, y así sucesivamente".

Tiene todo el sentido del mundo. Así no estaremos liberando más material que el que se requiere para reponer los amortiguadores en el almacén. Y yo completo lo que estoy pensando en voz alta, "Y no estaremos utilizando nuestra capacidad para aquellas cosas que no necesitamos".

"Exactamente. ¿Puedes sopesar todas las ramificaciones de este tipo de decisión?". Bill está expectante, casi ansioso.

"Puedo ver efectos positivos en términos de corregir el inventario. ¿A qué te refieres? ¿Hay más?". A mí esto me parece más que satisfactorio. Me pregunto qué más puede faltar.

"Piensa en las consecuencias para el primer recurso y los muchos otros en tu planta. ¿Cuál es la práctica común hoy en día?".

"¿Lo que dices es que estarán ociosos, cierto? Me di cuenta de eso, y mi querido amigo, me importa un comino". Bill se ríe aliviado y dice, "Yo solo espero que nadie vaya a salir volando con estos vientos de cambio".

"Ahora está muy claro para mí que utilizar nuestra capacidad para fabricar lo que no necesitamos es un verdadero desperdicio. Puedo cambiar todos nuestros indicadores de productividad ahora mismo y me puedo adaptar a eso de abolir las eficiencias locales, entendiendo que lo que queremos hacer es proteger la eficiencia global, que es la que importa".

"Muy bien, eso estaría bien que lo hicieras, pero te advierto que debes involucrar a tu gerente de operaciones en esta decisión". Bill tiene toda la razón, mejor es que yo delegue estos cambios para que los haga la cabeza de operaciones. "Y de esa forma la secuencia se dará siguiendo la prioridad de las verdaderas necesidades del almacén".

"Correcto, y eso me gusta porque así todos los operadores y supervisores sabrán exactamente qué tienen que hacer sin tener que andar preguntándole a alguien más". ¡Es tan simple!

"Ok, creo que ya cada uno puede irse a sus respectivas reuniones familiares". Bill ya está en la puerta y yo estoy guardando todas mis notas en el escritorio. Necesito más tiempo para revisar este cúmulo de cosas, antes de trabajarlo o verlo con mis gerentes, pero siento que finalmente voy a poder hacer algo que tiene sentido.

XVI. Prepararse para las consecuencias del éxito

NOS TOMÓ UNA semana de reuniones y algunas llamadas por Skype con Bill, pues estaba fuera del país, pero finalmente todos los involucrados están ya ejecutando las acciones en producción y en los almacenes regionales. 'Todas las acciones' es mucho decir porque la realidad es que comenzamos por dos acciones y de hecho detuvimos muchas más. Todos nosotros tenemos ahora más tiempo disponible.

En las últimas dos semanas, desde que devolvimos todos los excesos por encima del doble de los amortiguadores en los almacenes regionales de regreso al almacén de la planta, tanto este como los regionales tienen ahora todos sus amortiguadores llenos, con mucho menos inventario en los regionales. Cancelamos y eliminamos todas las órdenes de producción que ya no se necesitaban y que podíamos detener evitando desperdicio, y puesto que estábamos reponiendo solo los consumos para los pocos artículos por debajo del verde, todos los agotados se resolvieron muy rápido. Además, el inventario en el almacén de planta está disminuyendo. Nuestro gerente financiero y contable me dijo ayer que hemos recuperado un montón de efectivo y que fuimos capaces de repagar la línea de crédito que habíamos conseguido que el banco nos extendiera hace poco. Esto fue realmente inesperado para mí, pero realmente son muy buenas noticias.

Por primera vez en muchos años, estamos entregando los pedidos completos a nuestros clientes. Ya no tenemos urgencias con clientes reclamando por nuestra tasa deficiente de servicio, lo que llaman el *fill rate* o tasa de llenado.

Ahora, en este minuto, estamos lidiando con unos pedidos extras de los clientes para cubrir los agotados. Como resultado, las ventas están creciendo. La semana pasada fue un incremento del 10%. Mi estimado es que al resolver este 5% de los agotados que teníamos en el almacén de planta, las ventas deberían subir el 5% equivalente; yo creo que el 10% fue solo el resurtir bien la tubería, pero eso no va a durar mucho rato. Ya veremos.

Estoy pensando en esa cosa que estuvimos revisando con Bill, la cuestión esta de los océanos azules. Estamos mucho más rápidos ahora, y nuestros clientes están recibiendo un servicio extremadamente bueno. ¿Cómo será posible mejorar esta situación más significativamente de lo que está?

Bill llegó el sábado pasado y, como se quedaba una semana, lo invité a que viniera a ver este tema conmigo una vez más. Realmente necesito entender bien qué es lo que está sucediendo, y de dónde proviene su confianza en este sistema. Mi esperanza es que me tenga una linda sorpresa.

*   *   *

Bill siempre es muy puntual, al segundo. Mientras llega a mi oficina, yo ya pedí el café.

"Hola amigo, ¿cómo estás? Me encanta venir por esos cappuccinos", me da mucho gusto que esté de buen humor porque planeo un abuso sostenido de su capacidad esta mañana.

"¿Cómo estuvo tu viaje?", pregunto amablemente mientras nos sentamos.

"Excelente, hemos descubierto nuevos elementos y entendimientos sobre el proceso comercial en una de nuestras implementaciones. Yo creo que debemos esperar la llegada de un flujo creciente de ventas debido a los cambios que hemos introducido allí".

"¿A qué te refieres? ¿Descubriste que algunas cosas no estaban siendo bien implementadas?". He aprendido a clarificar mi entendimiento antes de llegar a conclusiones.

"No del todo. Descubrimos, o por lo menos pensamos que lo hemos hecho, por qué las ventas se estaban moviendo tan lento. Encontramos problemas tanto en el proceso comercial como en la forma en que se estaban presentando las ofertas".

"Bill, yo pensé que después de todos estos años ese tipo de cosas ya estarían resueltas. ¿Acaso las ventas no estaban creciendo antes?". A mí me preocupa que todas estas medidas nuevas que estamos tomando no sean lo suficientemente efectivas, mientras me preocupo, hasta con dolor, sobre nuestra propia situación… Espero no estar poniéndome muy paranoico.

"¿Ah, eso?, no me malinterpretes. Nuestro cliente estaba teniendo resultados mucho mejores que antes, con un 20 a 30% de tasa de conversión de nuevos negocios, comparado a una tasa inferior al 10% con la que empezamos. Pero la verdad, yo no estaba cómodo con esos logros aún tan bajos. Después de todo, la pregunta es si realmente estamos convencidos de que estas ofertas de océanos azules pueden generar valor tan descomunal. ¿Realmente lo creemos?". Bill se toma su café y añade, "Si realmente estamos convencidos de ello, entonces debemos esperar un desempeño mucho, mucho mejor. Y debemos enfocarnos solo en el valor que anticipamos y aseveramos se generará en la interacción con nuestros clientes; de otra forma, la impresión es que la oferta solo mejora el servicio pero aún negocian por el precio y otras condiciones".

"Eso es bastante obvio para mí, enfocarse en el valor". Bill me interrumpe.

"¡Sí claro, esto es obvio! Pero los vendedores no están acostumbrados a las ofertas de océano azul, por lo que usualmente tratan de complacer a los prospectos en todos los otros aspectos también, para reforzar el mensaje, eso es a lo que están acostumbrados. Sin embargo, cada vez que hablan o tocan otros aspectos de la oferta, el mensaje se diluye, de forma tal que cualquier otro elemento que se añade distinto a la esencia de la oferta, actúa como un diluyente, como añadirle agua a la sopa".

"Bill, no quiero ser grosero, pero eso suena más que obvio para mí".

En lugar de sentirse ofendido, Bill me sonríe y me dice, "Muchas gracias, mi amigo. 'Obvio' es el mejor cumplido que se le puede hacer a una construcción lógica. Esto se lo aprendí al mismísimo Eli".

"Okey, pero aun así, esto debió haberse señalado con anterioridad, ¿no te parece?". Yo quiero entender si esto se debe a flojera o es algo distinto.

"Richard, no voy ni a intentar dar una explicación. Yo solo quiero que te des cuenta de que este caso ejemplifica uno donde nuestro conocimiento es insignificante, comparado con lo que todavía no sabemos. A mí me sorprende si yo no aprendo o descubro algo nuevo cada mes".

Esto es fascinante, siempre abierto a las novedades y a la misma vez, el conocimiento anterior provee una base sólida para construir procesos estables y robustos.

"¡Entonces, felicitaciones!", digo yo, levantando mi café para brindar.

"Gracias, ¿qué es lo que querías que discutiéramos hoy?". Bill ahora es todo negocios.

"Es gracioso y oportuno que hayas tenido esa revelación la semana pasada. Yo quisiera que discutiéramos algunas dudas que tengo acerca de la oferta de océano azul que sugeriste hace algunas semanas. ¿La recuerdas?".

"Por supuesto que la recuerdo. Todo el tema se trata de ofrecerles a tus clientes un servicio que incremente su rotación de inventario a niveles prácticamente increíbles. Por cierto, no me has contado todavía qué es lo que pasó aquí, en tus almacenes".

"Seguramente recuerdas nuestra última conversación por Skype, sobre cómo estaba teniendo problemas para ayudar al gerente de operaciones para convencer a los gerentes de los almacenes y al gerente de producción para que aceptaran las nuevas medidas. Ese juego que me enseñaste, con los dados y las fichas, fue fantástico, hizo toda la magia. Finalmente, devolvimos tres camiones con inventario desde las bodegas regionales, sin costos extra porque una vez completadas sus entregas, hubiesen regresado a la compañía vacíos de todas maneras. Ahora tanto los almacenes regionales como el de la planta tienen disponibilidad de todos nuestros ítems. El inventario en los almacenes regionales es menos de la mitad mientras que en el de planta se incrementó por un rato. Tuvimos que alquilar un contenedor por una semana. Pero, como no se emitieron más órdenes de producción para los artículos que estaban por encima del nivel verde, el lunes pasado, devolvimos el contenedor y el almacén está de vuelta a su carga normal. De hecho, yo estoy observando que estamos ganando espacio con cada día que pasa, a medida que los excedentes de inventario están siendo consumidos".

"Entonces quiere decir que has podido liberar liquidez en estas dos semanas pasadas, ¿cierto?". Me gusta el enfoque de Bill; 'muéstrame los números'.

"¡Puedes apostarlo! Y ahora estamos limpiando muchas zonas de la planta de producción. Las personas han ganado tiempo para pensar y buscar mejores maneras de hacer las cosas, por ejemplo las preparaciones o métodos. Ha sido una muy buena experiencia para todos".

"Eso es muy bueno. Yo esperaría que pronto recibieras algunas ramificaciones negativas del éxito. ¿No has reducido todavía el sobretiempo?".

"Por supuesto que se redujo, desde el primer día. Algunos operarios no estaban particularmente felices con este efecto, porque contaban con el sobretiempo para generarles un dinero extra todos los meses. Estudiamos la situación con el gerente de operaciones y vimos que podíamos subir un poco los salarios, soportado con la mejora en productividad de la planta y además diseñamos un bono general para todos solo basado en la mejora del trúput. Pensamos que hemos sido capaces de superar todas sus expectativas y estamos viendo caras felices cuando hacemos nuestras rondas por la planta últimamente".

"¿Y ya se aumentaron los salarios y se prometieron bonos?". Bill luce realmente sorprendido.

"Pues no exactamente. Les comunicamos a todos que empezaríamos con estos cambios a partir del próximo mes si logramos mantener los inventarios por lo menos al nivel actual y sin agotados. No hay duda de que las personas pudieron darse cuenta por sí mismas que las cosas están mejor, y con menos esfuerzos, y estoy seguro de que se las arreglan para indagar y conocer cómo van las ventas, por lo tanto…"

"¿Qué pasó con las ventas?".

"Bueno, las ventas crecieron un 10% en las últimas dos semanas. Yo creo que se debe a que estamos cumpliendo con algunos pedidos atrasados y algunas emergencias puntuales de los clientes. Pero como nuestros agotados eran 5%, yo espero que el promedio de las ventas subirá más o menos ese 5%".

"¿Te acuerdas, Richard, del principio de Pareto en estadística?". Ya me estaba preguntando yo cuándo sería el momento en que Bill dispararía sus municiones académicas, pero he aprendido que es un tipo muy práctico, dejo que sigamos para ver a dónde quiere llevarnos.

"Si claro, 80% del resultado es causado por el 20% de los factores".

"Eso es. Aplica cuando los recursos o los factores son independientes. En tus procesos de producción y logística, donde los recursos son dependientes, el flujo es dictado por la restricción y son otros los principios que aplican. Yo quería aclarar este punto, porque en el caso de tus almacenes, todos los ítems son fundamentalmente independientes entre sí".

Eso lo entiendo, "Si esto es verdad, entonces podemos deducir que el 20% de los ítems produce el 80% de las ventas. Sabemos esto también y por eso es que tratamos de tener disponibilidad absoluta de los de alta rotación, el 20% más importante". Yo ya conozco esa mirada, Bill nuevamente no está nada impresionado.

"Tú estás sugiriendo que ese 5% de tus agotados proviene de ítems que pertenecen a los de baja rotación, parte de la familia del 80% peor, contribuyendo solo con el 20% de las ventas. Si ese fuera el caso, recuperar ese 5%, debería ser responsable por generar menos del 2% de las ventas perdidas. ¿Cómo puedes explicar el otro 8%? ¿Especialmente cuando tú me acabas de decir acerca del exceso que tu compañía empujó recientemente a tus clientes con la promoción?".

La lógica es la lógica, ¡no hay cómo batallar ese punto! Pero si él tiene razón, entonces estas son buenas noticias.

"Okey, ¿entonces qué crees tú que pasó?".

"Yo no conozco la composición que tenías en los agotados, pero sí sé un par de cosas. Se os acaba un ítem solo cuando las ventas pronosticadas eran menores para el artículo; por lo tanto, es muy probable que varios de los ítems dentro de los agotados fuesen de alta rotación. Yo también sé que el 80/20 es solo un nombre. Pareto mismo explicó que la proporción podía variar de una situación a otra". Bill espera, yo ya tengo algunas ideas que se dispararon con su explicación, y quiero sacarlas a la luz.

"De acuerdo con este razonamiento, eliminar algunos de los agotados de los de alta rotación significaría más de 30% de incremento en ventas. Pero como tú mismo señalaste, los clientes todavía están taponados con inventarios de baja rotación, por eso es que el 10% fue solo el comienzo de una tendencia, que debe crecer".

"Eso fue un ejemplo de pensamiento de causa y efecto muy bueno", se burla Bill, "Muy pronto serás capaz de armar estas cadenas de pensamiento lógico tú solito", dice sonriendo, y yo no me siento ofendido. Todo lo contrario, él está en lo cierto. Yo pude haber deducido estas conclusiones por mi cuenta. Yo tenía todos los datos y el conocimiento requerido para construir este conocimiento nuevo yo mismo.

"¿Dirías tú que tus clientes aún están sufriendo con agotados?", pregunta Bill, siguiendo la misma línea de pensamiento.

"No necesito adivinar, es bastante obvio por los pedidos de emergencia que ellos colocan entre los pedidos regulares".

"Te puedes imaginar que sucedería lo mismo cuando puedan resolver sus agotados; ellos deben incrementar sus ventas igualmente". Bill tiene razón, solo que el incremento en el caso de los clientes debe ser diferente.

"Considerando que mis almacenes agregan tanta demanda, mis errores deben ser mucho menores que los de mis clientes, cuando ellos están haciendo sus estimaciones. ¡Y además, los aumentos en sus ventas serán por encima de los incrementos de las mías!". Ahora estoy empezando a ver lo que significa sufrir los efectos negativos del éxito. Es como dice el proverbio chino, 'Cuidado con lo que pides; puedes obtenerlo'.

"Hace cinco años yo tuve el caso de una compañía que resolvió sus agotados en un nivel del 5% y sus ventas se dispararon en un ¡40%!". Bill tiene amplia experiencia y lo que yo pensé que eran excepciones, veo que son más la norma.

"¿Fue uno de tus clientes?".

"En ese momento era solo un prospecto. Yo los visité para una reunión de evaluación para ver si había algo que pudiera ofrecerles y hacer por ellos". Bill ya parece haber dicho más de la cuenta con su expresión. Pero tengo mucha curiosidad y continúo observándole fijamente, perforándole, esperando más detalles.

"Okey, esta es la historia. Ellos hicieron algo que es increíblemente atrevido, en contra de todas las prácticas usuales, lo cual me generó mucha admiración en ese instante. Decidieron incrementar los inventarios hasta el punto que todos sus agotados fueron eliminados".

"¿Por cuánto tiempo mantuvieron esta política? ¿Quebraron?". Yo conozco el riesgo de amarrar tanto capital en los inventarios.

"Afortunadamente, detuvieron esta política después de un año más o menos. Pero tú tienes razón, terminaron castigando, descontando por obsolescencia una gran porción de sus inventarios dos años más tarde, recibiendo un fuerte golpe en las beneficios".

"¿No te suena como un gran error?".

"Es una historia acerca de personas con gran coraje, que probó dos cosas. Resolver los agotados que están en un nivel de 5% incrementó las ventas en un 40%, contra la sabiduría popular, tal y como me lo dijiste antes, toda esa cantaleta de no dejar que los de alta rotación nunca entren en rotura de inventario o faltante".

"Ahora entiendo y espero que estés en lo cierto. La lógica es sólida. ¿Y cuál era la segunda cosa que querías mencionar?".

"Que los inventarios son un riesgo, aún más de lo que tú piensas. Te apuesto a que crees que los altos inventarios desangran la liquidez".

"Por supuesto. ¿Tú no estás de acuerdo?". ¿Con qué sorpresita me va a salir ahora, alguna carta escondida en la manga?

"Tranquilo, lo hacen, y cuando la compañía se queda sin efectivo, listo, eso es todo. Pero antes de eso, los inventarios elevados son operacionalmente un obstáculo para el flujo, ¿te acuerdas?".

Yo pienso en las medidas que tomamos para eliminar los excedentes, como las promociones y los descuentos regulares, y me doy cuenta cómo nuestros clientes están pasando por las mismas dificultades.

"Los inventarios elevados son un obstáculo para las ventas porque las promociones que se hacen para reducir los excesos lo que hacen es canibalizar las ventas de los artículos buenos, ¿correcto?". Ahora estoy viendo otro gran daño.

"Sí, eso es una de las consecuencias. Además de esa, los excesos atrapan el efectivo y eso impide que se pueda utilizar para reponer los artículos de alta rotación. Lo mismo sucede con el espacio, ¿no has experimentado la situación donde el almacén está a reventar y tienes que detener la producción?".

"Sí, esa también la contamos". Esto está resultando peor de lo que yo pensaba. "Y por si fuera poco, empujar y deshacerse de los excedentes requiere una exhibición mejor y más abundante, dañando aún más las ventas de los otros productos de mejor rotación".

"Se lanzan productos nuevos de vez en cuando, para refrescar el portafolio, ¿no es así?". Bill está siendo despiadado.

"Así es, eso mismo hacemos. Y ahora que lo mencionas, los clientes siempre están tratando de devolvernos los obsoletos que deben ser remplazados por los nuevos, pero yo no puedo aceptárselos, lo que hace que nos quieran mucho menos. ¡Los altos inventarios son devastadores!" Yo debo admitir que es mucho peor de lo que pude haberme imaginado.

"La historia de esa compañía que hablábamos es que volvió a tener los mismos niveles de agotados que antes y ahora ellos saben qué significa eliminarlos, porque las acciones que tomaron llevaron a peores resultados. Yo quisiera que ellos estuvieran dispuestos a discutir algunas alternativas con nosotros, como las que tú estás ahora implementando. Bien. ¿Tú decías algo acerca de dudas con respecto a las ofertas de océano azul?".

Bill tiene esta habilidad de meter el dedo en la llaga y, aunque duele, al mismo tiempo estoy contento de que hemos ido desarrollando un mejor entendimiento del poder real de esta oferta particular.

"Oye, eso fue hace como una hora. Yo entiendo ahora que nuestros clientes no pueden reducir sus agotados y los inventarios de manera simultánea sin nuestra ayuda. Y conociendo el increíble efecto en las ventas que ambos aspectos tienen, de verdad entiendo que ofrecer este servicio disolverá nuestro conflicto medular. Me estoy empezando a preocupar acerca de la capacidad. Pero ahora mi pregunta es la siguiente: ¿cuál es el próximo paso?". Bill muestra una sonrisa de oreja a oreja.

"Bueno, veamos, con respecto a la capacidad, debemos tocar ese tema más adelante en el proceso. Es fácil; lo único que se requiere ahora es convencer a tus clientes de aceptar un trato de colaboración donde ellos te comparten los datos de sus ventas diarias y tú les repones frecuentemente, mientras también tú les vas ajustando sus amortiguadores". Bill suelta todo eso sin hacer pausa.

"¿Me puedes repetir la última parte?".

"¿Cuál de todas?".

"Desde que dijiste 'Es fácil'", ambos soltamos una carcajada. Otra vez tiene razón, al hacer esto, las ventas van a dispararse y los inventarios se van a mantener bajos. Vamos a tener una verdadera joya de cadena de suministros, una belleza.

"En serio, después de nuestra última promoción y la historia que tenemos de andar empujando inventarios, yo no creo que los clientes vayan a aceptar un trato de esta naturaleza así no más, no tan fácilmente. Creo que nos va a tomar un largo tiempo. Y para cuando los hayamos convencido, un competidor puede capitalizar sobre la misma idea. Y en ese momento, adiós a nuestra ventaja competitiva".

"Por eso mismo es que necesitas planificar cuidadosamente cuatro aspectos: cómo conseguir los prospectos apropiados para esta oferta, cómo diseñar una buena oferta, cómo establecer un buen proceso de persuasión y cómo aplicar los principios del flujo al proceso de ventas".

"¿Has hecho esto antes?". Yo no quiero ser un conejillo de Indias.

"Antes de contestar, ¿te he pedido en algún momento hasta ahora que confíes en mí? Yo pienso que has ido confiando en tu intuición y en tu lógica en todo lo que has hecho". Eso es correcto; todavía caigo en la trampa de mis viejos hábitos, juzgando el mérito de una idea por la aceptación de un grupo o mayoría. Como asiento inclinando la cabeza, Bill prosigue.

"Sí, claro, nosotros lo hemos hecho, exitosamente. Y hemos aprendido y generado entendimientos valiosos a medida que hemos ido avanzando". Con este comentario me siento reconfortado, lo que aprecio.

"Mira Richard, yo necesito ausentarme por media hora para atender un asunto. Tú puedes aprovechar y organizar tu escritorio, ¿te parece?".

"Perfecto, aún tenemos un par de horas antes del almuerzo".

XVII. Mercadotecnia es atraer, ventas es convertir

"ANTES DE QUE empecemos a considerar el proceso comercial, primero quiero preguntarte acerca de la capacidad". No quiero que vayamos a olvidar este tema.

"Richard, hoy en día tu trúput está determinado por tu habilidad para vender más, pero llegará el momento en que no tendrás suficiente capacidad para responder a un nuevo nivel o incremento de las ventas y tendrás que expandirla y, en consecuencia, el mercado será nuevamente el cuello de botella. Esto es lo que denomino una oscilación controlada. La restricción última siempre será la atención gerencial; por lo tanto, enfoquémonos ahora en la parte comercial, y más adelante revisaremos el mecanismo prudente para elevar la capacidad, ¿te parece bien?".

Ya lo sabía, pero por lo menos ahora tenía mi respuesta. Yo asiento con la cabeza, pero Bill se toma su tiempo; parece estar inmerso, pensando.

"En las operaciones tú cambiaste la forma en que los recursos se administran, pero no hubo ningún cambio en la manera como realizan la transformación o el movimiento de los bienes. En las ventas necesitamos ambos tipos de cambio: en cómo se administran los recursos y cómo procesamos las oportunidades".

"Hummm, ya veo, los operarios en la planta solo ven que ahora liberamos menos WIP pero no les dijimos que tenían que cambiar qué hacer con él, no cambiaron lo que estaban haciendo. Cambiar los hábitos es mucho más difícil, ¿no es así?".

"Claro que lo es, y es por eso mismo que los cambios en los procesos comerciales es tan difícil que sean adoptados completamente. Pero el lado positivo, sin embargo, es que esa misma dificultad se presenta si uno trata de imitar esos cambios, eso es lo que solidifica la ventaja por un periodo de tiempo más largo".

"Eso suena muy bien, bajo el supuesto claro, que para empezar, somos capaces de hacerlo", digo yo reiterando lo obvio.

"No tiene tanta dificultad si enfocas tu atención en la lógica detrás de la comunicación. El mismo proceso lógico de persuasión que necesitamos enseñarles a los vendedores, es el que tú tienes que aplicar con ellos mismos primero. Y también necesitamos aplicar los principios del flujo a la 'gerencia de la tubería'; como en una tubería, las oportunidades fluyen a través de ella, terminando en una venta o en un fracaso".

"¿Qué es lo primero que tenemos que hacer?".

"Yo propongo que primero hagamos una revisión general de todo el proceso y cómo aplicar los principios del flujo a este".

"Por mí, está bien; además, después de estar pasando por este proceso dos veces, me estoy sintiendo más cómodo con toda esta simplicidad".

"¿Puedes describir cómo funciona hoy tu proceso, desde *marketing* hasta ventas?".

"Hoy en día, *marketing* es el área de la compañía que produce la comercialización, gestiona el presupuesto de publicidad y prepara las promociones. Ellos también van a los puntos de venta y se aseguran de que nuestros productos se estén exhibiendo adecuadamente".

Bill está escuchando y asintiendo. "El departamento de ventas tiene la tarea de buscar nuevas oportunidades, llamando a los clientes actuales que están por debajo de sus compras promedio y de procesar todas las órdenes de compra. Además de eso, al departamento de ventas le corresponde producir y ajustar los pronósticos antes de pasárselos a producción. Por supuesto, ya esto no lo estamos haciendo más así desde hace como dos semanas".

Bill está pensando y añade, "Por supuesto que esto es solo en resumido. Existen aún muchos más detalles".

"Richard, ¿me puedes decir cuál es el objetivo de *marketing* y cuál es el objetivo de ventas?".

Cuando Bill empieza con preguntas fundamentales, ya puedo prever que se acerca un cambio de paradigma. Yo voy a tratar de adivinar la respuesta 'correcta' y esperar que la respuesta de TOC llegue más pronto que tarde.

"*Marketing* es responsable por crear conciencia, incrementar la percepción de valor y administrar todas las comunicaciones con el mercado, especialmente las de publicidad". Ahora espero a Bill.

"En TOC definimos las cosas antes de darles uso porque la mejor manera de confundir a alguien es darles el mismo nombre a dos cosas distintas. *Marketing* en TOC es una función que tiene un objetivo: generar demanda. En otras palabras, debe responder dos preguntas; qué ofrecer y a quién ofrecérselo".

"¿Y no es eso lo mismo que acabo de decir?". Quiero entender cuál es la diferencia.

"Puede ser, pero vamos a utilizar esta definición que incluye actividades que muchas veces son muy distintas de la práctica común. Por supuesto, no estamos cambiando piezas fundamentales aquí, solo en la forma como se realizan. ¿Y cuál es el objetivo de las ventas?".

"Negociar con los clientes los mejores tratos y arreglos posibles, y además tratar de obtener más clientes".

"Está muy cerca de mi definición, pero nuevamente, voy a utilizar una simple: convertir la demanda generada en dinero".

Lo pienso un momento y me doy cuenta de lo simple que es. Siempre lo he sabido, pero algunas veces las confusiones provienen de esa niebla de complejidad que se esparce por las personas bien intencionadas tratando de controlarlo todo.

"A mí me gustan. Primero generamos la demanda y luego la convertimos en dinero. No podría ser más simple. ¿Y ahora qué?".

"Ahora, conociendo la idea que va a generar un océano azul, debemos hacer cuatro cosas: prospectar, construir la oferta, diseñar un proceso de persuasión e instituir un procedimiento para la gestión de la tubería". Bill anota estos cuatro elementos en la pizarra.

"¿Acaso estás sugiriendo que primero necesitamos una idea de estas de océano azul antes de hacer alguna de estas otras cosas?".

"Richard, necesitamos enfocar a cada uno en la organización mirando hacia el mismo objetivo, porque de otra forma, las áreas se van a comportar como silos independientes, buscando su óptimo local en lugar de un solo óptimo global".

Creo que entiendo por qué, y digo, "La idea para nuestro océano azul va a guiar todas las actividades de la compañía. ¿Es a eso a lo que te refieres?".

Bill asiente y añade, "La compañía, como un todo, debe esforzarse para construir, capitalizar y sostener cada una de las ventajas competitivas que estén llevando a cabo. Hoy estamos apenas discutiendo la primera, ofrecerle mejores vueltas de inventario a los clientes".

La cabeza me da vueltas, "De acuerdo con este concepto, estamos ahora mismo haciendo muchas cosas que no tienen nada de importantes, como muchas otras tantas compañías que conozco… Y ahora en este momento, yo puedo ver cómo es de simple dirigir la compañía sin una lista interminable de actividades; hemos podido simplificar una gran cantidad de cosas, pero es todo menos trivial".

"Yo no quiero asustarte más en este minuto, pero tú vas a tener que hacer una gran cantidad de trabajo. Sin embargo, ya no tendremos actividades o problemas inconexos. Todo está enfocado alrededor de la idea del océano azul.

Por otro lado, te vas a liberar mucho tiempo antes de lo que te imaginas". Bill regresa a la pizarra y continúa ignorando la expresión que alumbra toda mi cara.

"Prospectar es responder a la pregunta, ¿A quiénes vamos a hacer nuestra oferta? Es explorar la información del mercado guiados principalmente por el grado en que la necesidad que sois capaces de satisfacer es una necesidad relevante y significativa en el mercado".

"Por favor, ¿me puedes aclarar esto que acabas de decir?".

"Una idea de océano azul o una ventaja competitiva decisiva, como la llamamos en TOC, se obtiene cuando tú puedes satisfacer una necesidad significativa de suficientes clientes hasta el punto que ningún otro competidor relevante lo puede hacer". Bill continúa explicando sin pausar. "Una necesidad significativa no es la más importante, es una que hoy no está satisfecha, y cuando lo esté, entonces los clientes realmente aprecian y perciben el valor generado".

"En este caso, el incrementar las vueltas de inventario, la rotación, es posible que sea la necesidad más importante de mis clientes". Ya lo entiendo mejor pero quiero aún más claridad.

"Puede que lo sea; la clave es que la necesidad sea significativa". Yo asiento.

"Entonces, todo esto significa que queremos proveer un servicio que pueda incrementar la rotación mucho más allá de lo que ellos imaginan que es posible. Hoy en día nuestros clientes están luchando constantemente para incrementar su rotación aunque sea un 20%, mientras que aquí estamos discutiendo cómo lograr por lo menos duplicarlas".

"Definitivamente nadie va a ser capaz de ofrecer algo ni cercano a esto con el modo actual de operación. Yo no era capaz de hacerlo solo unas semanas atrás". Esto está muy poderoso y ahora empiezo recién a percibir esa simplicidad de la que tanto ha estado recalcando Bill.

"No solo eso. Tú ya sabes cómo hacerlo. Necesitas dos condiciones: disponibilidad perfecta en tus almacenes y control sobre los inventarios de tus clientes".

"Mi disponibilidad perfecta no serviría de nada si ellos continúan comprando como siempre, ¿correcto?".

"Así es, eso mismo, por lo tanto tienes que convencerlos de reportar sus ventas diarias y resurtirlos frecuentemente. Además, tienes que dar seguimiento y ajustar los niveles de su inventario con el sistema de gerencia dinámica de amortiguadores".

"Una vez que hayamos hecho esto, ¿qué les impide a mis competidores aprender e imitar muy rápido este servicio?". Me cuesta creer que una cosa tan simple no sea fácil de imitar. Bill solo me sonríe como el gato que se comió al canario, y solo después de un rato habla.

"Tú no entiendes aún todos los cambios de paradigmas por los que hemos transitado, ¿no es así? Y también ya se te olvidó que necesitaste varias sesiones con tu personal de producción y distribución para convencerlos del cambio. Ahora, tienes que hacer exactamente lo mismo con todo el departamento comercial".

"Okey, okey, ya entendí. Es muy simple, pero muy lejos de ser fácil". Esto me gusta mucho.

"Lo primero que se debe hacer es decidir cómo buscar a los prospectos. ¿Qué crees tú que necesitamos?".

"Una oferta como esta debe ser atractiva para los clientes que compran inventario para revenderlo".

"¿Qué harías si alguien quiere un pedido mucho más grande de lo usual por alguna razón?". Bill está evaluando si comprendí y le agradezco que haya hecho esta pregunta.

"Hemos tenido oportunidades como estas en el pasado, y las tomamos gustosamente. Ahora, estoy pensando que no deberíamos hacerlo porque ese tipo de pedidos, tan grandes, pueden saquear mis almacenes de los productos que se supone yo estoy resurtiendo por consumo, y esto pondría en riesgo el servicio que hemos ofrecido como la base de nuestra ventaja competitiva". Bill solo me mira fijamente.

"¡Yo no lo hubiera dicho mejor!," replica, "más precisamente, si tú permites que tu estrategia se doblegue ante cualquier oportunidad, comienzas a zigzaguear, ahora con el riesgo de doblar directo contra una pared de ladrillos. Esto lo puedes leer en el capítulo cinco del libro 'Qué, ¿no es obvio?', el último libro escrito por Eli Goldratt". Él mira atentamente la pizarra y exclama, "¡Excelente!, los detalles los puedes decidir más adelante con tu equipo".

Luego Bill se acerca a la pizarra y señala la segunda viñeta. "Diseñar una buena oferta es clave, y aquí necesitamos a su vez un par de elementos: mostrar y elevar los beneficios para los clientes y para tu compañía; y en segundo lugar, establecer los términos y condiciones para impedir posibles tropiezos para ambos, el cliente y la compañía".

A mí nunca me han gustado los trucos o ases bajo la manga, por lo que digo, "Por supuesto, toda la letra pequeña que se estila en los contratos está fuera de toda consideración, ¿correcto?".

"Correcto, eso puede de un solo plumazo matar la oferta más atractiva. Necesitamos mostrar cómo esta oferta realmente es un trato gana-gana. Y permíteme explayarme un poco sobre lo que yo entiendo acerca de este punto específico. Un trato gana-gana solo es posible cuando existen dos condiciones: mutuo beneficio y mutuo compromiso".

Me gusta mucho esta aproximación al tema. En el pasado, yo pensaba que los clientes grandes siempre trataban de abusar de mi compañía, bajo el supuesto eslogan de gana-gana, pidiéndome consignación, por ejemplo. Ahora entiendo lo que nunca me gustó: ningún compromiso firme de su parte. "Muy buena definición. Me gusta".

"Vamos a revisar los cuatro elementos, los beneficios y los riesgos para ambas partes del trato".

"Bueno, es obvio cuáles son los beneficios para los clientes; ellos van a obtener mucha más rotación".

"Ciertamente y ese es el elemento clave en la primera presentación donde validamos con el prospecto el valor del nuevo servicio. Claro, recuerda que no debemos olvidar tu beneficio, el cual está a su vez compuesto por tres piezas: más volumen, buenos precios y un mejor flujo de caja".

Me quedo pensativo un momento. Más volumen es obvio; cuando los clientes venden más, nosotros vendemos más. Con respecto a los precios, yo estoy seguro de que los clientes van a pedir descuentos de todas maneras. La parte interesante y sobre la cual nunca me había detenido a pensar es el flujo de caja. "¿Piensas tú que podemos reducir los plazos de pago?".

"¿Y por qué no? Después de todo, tus clientes van a recibir cantidades más pequeñas cada vez, obteniendo su retorno mucho más rápido. Yo diría que nadie debería tener problemas en aceptar tiempos más cortos de pago cuando son facturas más frecuentes pero mucho más pequeñas, apoyándose en el efectivo adicional que van a generar".

"Esto mejoraría aún más nuestro ciclo de dinero a dinero[13], ¡excelente! Con respecto a los precios, estoy seguro de que los clientes van a pedir descuentos, ¿tú qué crees?".

"Por supuesto que lo van a hacer. Están condicionados a hacerlo. Pero mira ahora cómo se compararía un gran descuento en precio, digamos del 10%, con una duplicación de las vueltas de inventario. No se te olvide que tus clientes invierten su dinero para generar una utilidad, como la tasa de interés en un fondo de inversión".

"Esa analogía es buena. Mi marca es un fondo y también las de nuestros competidores, si podemos duplicar la rotación es como reducir a la mitad la inversión pero manteniendo el mismo retorno. Pensándolo en estos términos, veo que no solo competimos con fabricantes de productos similares; en realidad estamos compitiendo financieramente con todos los proveedores de nuestros clientes. El impacto puede ser mucho más grande, y podríamos...", Bill me detiene, levantando la mano, por primera vez en semanas. "Yo sé que cada vez estás descubriendo más aristas. Es solo natural que se puedan construir cosas nuevas sobre una base sólida, pero hoy vamos a enfocarnos solo en este punto".

Estoy muy entusiasmado. Las posibilidades van a ser tremendas. Pero Bill tiene razón, si empiezo a considerar más estrategias, me voy a lanzar un clavado de regreso a las multitareas dañinas.

"De acuerdo, los beneficios están claros. ¿Y qué pasa con los riesgos?".

"Primero, debes considerar los riesgos para tus clientes, como por ejemplo el ser inundados con inventario. No se te olvide que hoy en

---

13   N.T.: *cash to cash cycle,* en el original.

día tus vendedores todavía están empujándoselo por la garganta a los clientes".

"Okey, entonces nos ponemos en sus zapatos y pensamos en todos los riesgos para ellos y le añadimos elementos a la oferta que los eliminen de forma efectiva. ¿Y qué hacemos con los nuestros, los tratamos de la misma manera?".

"Debes pensar acerca de todos los riesgos para tu compañía, como por ejemplo, el efectivo y espacio que se van a liberar, que no se termine utilizando para otros productos o proveedores. Y luego, cuando los prospectos están entusiasmados, se realiza una reunión para discutir los términos y condiciones, donde tu gente debe elevar y sacar a colación las preocupaciones de tu compañía sobre este trato, y dejar que los clientes hablen. La mayoría de las veces, los clientes producen unas soluciones mucho mejores que las que nos hubiéramos esperado".

"Todo sigue un proceso lógico. Estoy seguro de que podemos decidir los detalles de la oferta con mi equipo comercial". Justo cuando estoy diciendo esto, Bill se acerca a la pizarra y dice, "Diseñar el proceso de ventas es uno de los retos de todo el plan. Yo preferiría dejar esta parte para el final, para que ahora podamos dedicarle un tiempo a discutir cómo aplicar los principios del flujo a todo este proceso".

"¿Me permites?". Ahora me siento con la confianza para intentarlo.

"Por favor". Bill se sienta y yo tomo el marcador.

"Los cuatro principios son: el flujo es la consideración primaria, necesitamos controlar el WIP, las eficiencias locales deben ser abolidas y debe establecerse un mecanismo de enfoque para equilibrar el flujo. Ya estuvimos de acuerdo en el primero". Busco las señales de aprobación en el rostro de Bill. Él asiente y yo continúo. "WIP en este caso es el número de oportunidades abiertas que tiene cada persona de ventas. Podemos ponerle un límite superior a esta cantidad, como unas quince. Solo cuando una oportunidad se gana o se pierde, entonces asignamos una nueva oportunidad a esta persona".

"Richard, eso es exactamente lo que hemos hecho en algunas de nuestras implementaciones. Las personas mueven las oportunidades mucho más rápido porque no tienen ya suficiente material para caer en las multitareas dañinas. El límite en mi experiencia ha sido como unas diez, pero estimo que depende del tiempo de ciclo. Muy bien, continúa por favor".

"El tercer principio es abolir las eficiencias locales". Yo trato de entender primero dónde tenemos óptimos locales en ventas. Yo pienso y Bill espera. Parece que muestro con toda transparencia mi confusión, lo que hace que Bill pregunte, "¿Te acuerdas de tus bonos de productividad en producción?".

"¡Claro, esos solo llevan a óptimos locales! ¡En ventas pagamos comisiones por cada venta! Bill, este es uno de los métodos de compensación más apreciados en cualquier industria. ¿Estás acaso sugiriendo que eliminemos las comisiones?". Bill se ríe y dice, "¿Y por qué no?".

¡Por qué no! Esto sí que es el colmo. Estudio su expresión y parece que lo está diciendo en serio.

"Richard, déjame hacerte unas preguntas y de tus respuestas podemos ir derivando algunas de las conclusiones. Primera pregunta: ¿cómo es la colaboración entre los vendedores para cerrar una venta hoy en día? ¿Qué grado de colaboración tienes entre ellos hoy?".

"¿Hablas en serio? Ellos pretenden colaborar, pero la realidad es que compiten entre sí constantemente y a veces las tácticas pueden dejar de ser leales. Cuando se va un vendedor de la compañía, se ponen como fieras para pelearse las cuentas disponibles. Tenemos muchos problemas para reasignar las cuentas, aunque algunas de ellas han estado muy mal atendidas".

"Segunda pregunta: ¿Qué es lo que prefiere un vendedor, una cuenta grande o una mediana?".

"¿Preguntas retóricas? Por supuesto que la grande".

"¿Entonces, según esto, los clientes medianos terminan con una atención y servicio mediocres?".

"Es probable. ¿Y qué?".

"¿Te gusta acaso que tu negocio dependa de unos pocos clientes grandes?".

"Okey, ahora sí lo veo. Es mucho mejor tener muchos clientes para impedir un desbalance descontrolado del poder y resultar convertidos en las víctimas de un gigante".

"Ahora que con el nuevo proceso tú le vas a decir a cada vendedor qué hacer, cuándo y con quién, ¿te das cuenta de que la comisión los pone en un conflicto de intereses permanente?".

"Pero ellos tienen que cumplir, obedecer o de lo contrario…". A mí no me gustan los sabiondos.

"Richard, los vendedores son especialistas en ofrecer explicaciones muy buenas y creativas para todo. ¡Tú mismo los entrenaste! Con todos los problemas que se les han causado a los clientes en el pasado, tuvieron que aprender a explicar lo inexplicable. Necesitas su colaboración, pero no por la fuerza; eso solo va a traer más problemas y un riesgo de incrementar la discordia en el grupo, esa no es una receta para el éxito. Debemos hacerlo de una forma distinta".

Bill me observa intensamente, me empuja con la mirada. Yo estoy pensando con esfuerzo. Este es un cambio muy profundo y me pregunto cómo lo van a tomar las personas de nuestro equipo comercial.

"Si cambiamos el esquema de compensación de un salario base más una comisión solo a un salario base mejor, algunos de ellos dejarán la compañía, ya lo puedo prever, y lo peor, serán los mejores, los que ganan las mayores comisiones".

"¿Cuál es el efecto negativo de esto?". Bill se pone irreverente a veces, ¿cómo es que lo aguanto?

"¡Nuestras ventas se van a caer!"

"¿Por qué?".

"¡Pues porque perderíamos a nuestros mejores vendedores, que son los que generan los volúmenes más altos!" Tan pronto lo estoy terminando de decir, me doy cuenta en forma contundente. Ya no estaremos empujando altos volúmenes por cada pedido. "¡Espera!, o ellos se convierten y adoptan este nuevo paradigma, estas nuevas reglas del juego, o les irá mejor estando fuera de nuestra compañía".

"Bien dicho. Tú no vas a precipitar la salida de nadie de la empresa, pero tampoco le vas a rogar que se quede. Nunca pongas tu compañía en una situación de dependencia de un cliente, de un proveedor o de un empleado".

Ya hemos sufrido en el pasado por ignorar estas recomendaciones tan sabias.

"Ya veo por qué abolir las comisiones, y ahora mi comprensión se encuentra al mismo nivel que mi temor de hacerlo".

"Por supuesto que esta movida debe planificarse con mucho cuidado. Pero déjame decirte que nuestros clientes sobrestimaron los efectos negativos, y los equipos comerciales han abrazado gustosos estos cambios. No solo eso, los vendedores ahora son parte de un equipo y no una tribu segregada del resto, como antes".

"Y además podríamos moverlos de un puesto a otro en caso que se requiera. Esto me gusta y nos da otro grado de flexibilidad".

"¿Y qué sucede con el cuarto principio?", me recuerda Bill mientras trato de recuperarme de la amnesia temporal que me produjo esta ligera inyección de rebelión contra el *statu quo*.

"Necesitamos un mecanismo para equilibrar el flujo, reuniones periódicas con cada vendedor para ver y entender qué está pasando con las oportunidades abiertas. Te apuesto que esas reuniones van a ser mucho más cortas y enfocadas que las que tenemos hoy en día".

"Tal cual. Es la experiencia de nuestros clientes. Ahora piensa en los procesos y los roles o posiciones que necesitas para armar este sistema".

"Veamos, necesitamos a alguien que haga la prospección, es decir, una lista de prospectos. Y alguien que se encargue de agendar y gestionar las citas para los vendedores, esta persona asignará las nuevas oportunidades de la lista de prospectos solo cuando una de las oportunidades abiertas se cierre. Necesitamos personas que puedan apoyar a los vendedores con el papeleo y con las visitas técnicas, porque queremos que se enfoquen y utilicen su tiempo para solo nutrir las oportunidades, persuadir a los prospectos y traer los tratos de reposición".

"Ya veo que sí leíste mis correos después de todo", comenta Bill. Él me incluyó en un reporte interno de su visita la última semana. Pensó que me podía interesar. Por supuesto que ahora me tiene a sus anchas; es por eso que pude construir por mi cuenta la aplicación de los principios del flujo a esta área de ventas. De todas maneras, pienso que no lo hice nada mal, aunque fue casi todo de memoria.

"Muy bien, entonces ya sabes qué hacer y podemos discutir los detalles cuando los hayas revisado y decidido con tu equipo. De todos modos, recuerda que la realidad es la mejor maestra y no te sorprendas si modificamos algo del proceso por el camino. Ahora se nos ha hecho un poco tarde y deberíamos almorzar. ¿Cuándo puedes seguir con el proceso de persuasión?".

"Acéptame la invitación a almorzar y podemos trabajar en eso esta misma tarde".

"Yo pensé que tenías cosas que hacer".

"Y las tengo, pero esto es lo más importante que tengo en mi agenda ahora: construir y ejecutar este plan cuanto antes. ¿Te quedas?".

"Sí, me quedo, pero solo porque me lo has pedido amablemente".

XVIII. Un cofre de oro, unas muletas, un cocodrilo y una sirena

PEDÍ UN PAR de jugos, como buenos acompañantes para un almuerzo ligero, y así tratar de prevenir la hora del "burro", esa sensación de necesitar irremediablemente una siesta, justo antes de tener que volver a trabajar. El cuerpo está ocupado peleando con la glucosa y la energía, mientras que el cerebro está saciado y sin ningún apuro para enfrascarse en nada serio.

"Oye Bill, tengo curiosidad, ¿cómo es que tú o tu compañía no son famosos en todo el mundo, o mucho más conocidos a estas alturas?".

"¿A qué te refieres?". Bill pregunta con tono casual, como si realmente no entendiera la pregunta. Yo sé que sí. Lo miro fijamente por un momento hasta que arranca a hablar con una voz y gestos que me revelan que sí entendió.

"A nosotros nos está yendo muy bien, hay miles de compañías en el mundo que están utilizando TOC y tenemos docenas de muy buenos clientes en todo el mundo".

"Mira, el valor que yo estoy obteniendo de ti en tan corto tiempo es muchísimo más alto que cualquier expectativa generada cuando se habla con un consultor. Considerando que en la tarde vamos a discutir el proceso de persuasión, quiero conocer tu verdadera opinión o tu hipótesis de porqué no hay miles de clientes golpeando y tratando de derribar tu puerta".

"Richard, la puerta a un cambio profundo es una que se abre desde adentro. Nadie puede forzar esa cerradura, y la única cosa que podemos hacer es llamar nosotros desde afuera, tratando de que se nos escuche. La mayoría de las personas están tan cómodas o acostumbradas en donde están que no piensan moverse de ahí. Incluso si eres capaz de mostrarles un potencial tesoro al final del arco iris. Un tesoro al final del arco iris es y será siempre una fantasía para la mayoría de ellos".

"¡Qué poético, estoy seriamente impresionado! Pero algo como lo que hemos podido hacer en menos de un mes es real y extremadamente valioso. Mi pregunta es ¿cómo es posible que las personas no vean este tipo de valor?". Es un misterio, y yo no me trago esa historia de la cerradura interna.

"Yo pensaba igual que tú, mi querido amigo. Permíteme preguntarte: ¿Te acuerdas de la primera conversación que tuvimos hace unas semanas?". Asiento con la cabeza, sabiendo a dónde va esto.

"Si recuerdo bien, tú no estabas particularmente ansioso de analizar nada con TOC. Y has demostrado ser de mente abierta y tan brillante todas estas semanas como te recordaba. ¿Por qué te sorprende tanto que TOC no sea aún la corriente principal de la administración?". Pienso por un momento y antes de que pueda esgrimir palabra, Bill prosigue.

"¿Recuerdas qué fue lo que te motivó a aceptar mi oferta en la primera sesión?".

"Yo estaba en problemas y preocupado, y te dije que no quería arrepentirme por no haber intentado todo lo que estaba a mi alcance". La verdad es que no tenía nada que ver con las afirmaciones que ya conocía de Bill, sobre su capacidad para hacer unos análisis simples y poderosos.

"¿Lo ves?, lo que sentiste es lo que llamamos 'el cocodrilo', una amenaza real que te impulsa, casi te obliga a cambiar. Es lo negativo de no cambiar".

"Me imagino que hay aspectos negativos y positivos de cambiar y de no cambiar". Bill tiene una mueca más que una sonrisa en su cara nuevamente y espera.

"Todo el mundo debe tener muy buenas razones para no cambiar: los positivos, como una frazada calientica que te arropa cuando estás en tu zona de confort".

"Llamamos a estos aspectos 'la sirena', una bella sirena que es tuya y que no quieres perder o sacrificar", explica Bill.

"Por supuesto que la mayoría de las personas están tratando de avanzar, de progresar y mejorar de alguna forma". Yo estoy tratando de entender estas fuerzas que hacen que las personas se muevan o se queden.

"Y como dijo Eli, cada mejora es un cambio, pero no todo cambio es una mejora. Es por esto que las personas estudian, evalúan lo positivo y lo negativo de cambiar o no hacerlo. Debe haber una buena razón para cambiar, ya sea que estamos escapando de las fauces del cocodrilo o por lo menos tratando de alcanzar el tesoro, 'el cofre de oro'. El problema es que con cualquier cambio hay riesgos asociados, a eso es lo que llamamos 'las muletas'". Bill se toma el jugo mientras yo proceso lo que está diciendo.

"Doy una mirada atrás y veo lo contento que estaba con nuestro desempeño, y solo cuando percibí una amenaza real, fue cuando decidí probar algo distinto, nuevo. Mmmmhh… ahora entiendo lo que comentabas acerca de las personas de negocios. ¡Pero los académicos deben ser diferentes! Se supone que ellos buscan los mejores métodos, que desarrollan las mejores formas de entender y resolver los problemas que enfrentamos, y estoy seguro de que esto no es un secreto para nadie, ¿no te parece?". ¿O me equivoco?, ¿hay algo que no estoy viendo?

"Richard, nuevamente tú estás ignorando un comportamiento humano fundamental. La Academia adopta nuevos paradigmas solo cuando ya han sido probados por muchos años y han pasado a formar parte de las corrientes principales. Ellos odian los riesgos. Toma por ejemplo el caso de las cartas o diagramas de Gantt utilizadas para la gerencia de proyectos. Henry Gantt comenzó a utilizarlas por primera vez alrededor de 1905. Solo fue hasta 1950 cuando una gran organización de proyectos la adoptó, y no se popularizó, y se enseñó en las universidades hasta entrados los años 70. Este es un ejemplo, al cual le puedes sumar otros tantos, como lo que ocurrió con las leyes de la genética de Mendel y varias otras".

"Pero TOC se enseña en muchas universidades con toda seguridad, ¿correcto?". Yo no puedo creer que no haya nadie enseñándolo.

"Que yo sepa, se enseña en más de doscientas escuelas de negocios, y la mayoría de las maestrías de administración o MBA tienen al libro *La meta* como lectura obligatoria, usualmente en operaciones. Esto no significa de ninguna manera que ya sea parte de la corriente principal. En todas esas escuelas te vas a encontrar que se enseña junto y al lado de materias contradictorias y que se basan en preceptos errados, como utilizar contabilidad de costos para la toma de decisiones operacionales". Yo me pregunto si Bill alberga sentimientos oscuros en este tema, amargura tal vez. Si es así, no los demuestra.

"Pero todo esto no explica por qué las personas de negocios no están prestando atención y no lo están adoptando más rápido. ¿Tal vez no tenéis una buena mercadotecnia?". Por su expresión, noto que Bill recibió el gancho de izquierda, mostrándome que toqué un nervio sensible.

"Bueno, verás, esa es la misma pregunta que yo me hago. Por ahora, el solo mencionar o mostrar que con TOC tenemos una manera de simplificar la gerencia y de obtener resultados más allá de la imaginación, no nos ha generado la explosión de clientes que quisiéramos. Yo personalmente pienso que el premio, 'el cofre de oro', mueve a unos pocos, pero el verdadero impulso se consigue cuando existe el cocodrilo. Pero muchas veces, en esas situaciones se hace muy tarde. Somos capaces de comunicar el mensaje bien en sesiones que requieren un tiempo relativamente amplio, de uno a varios días".

"Me imagino que la mayoría de los gerentes no tienen el tiempo suficiente para eso, ¿cierto?". Ahora entiendo mucho mejor.

"Esa es una buena suposición". Dice Bill con el último sorbo de su *espresso*, "Y no tenemos de estas buenas suposiciones en abundancia". Pienso por unos segundos, él ha estado mencionando los libros de Goldratt desde que nos conocimos, hace tiempo.

"¿Sabes qué?," digo con cierta duda, "Tal vez tú y tus colegas deberían escribir unos libros con toda la experiencia que tienen. No creo que solo se requieran los libros y el trabajo originario del inventor; muchos más libros deben tener un efecto más amplio. ¿No lo crees así?". Yo creo que es una idea brillante, una que estoy seguro de que Bill aceptará en el acto.

"Yo no estoy tan seguro. Ya tenemos los libros de Eli, además hay muchos otros que han escrito libros acerca de TOC. Es mucho trabajo, y yo no sé si yo pueda contribuir de forma significativa, algo más allá que otros mejores que yo ya han hecho. Y estoy esperando *Las perlas de sabiduría de Goldratt,* un libro que está produciendo el hijo y el yerno de Eli". ¡No es posible!, la sirena, las muletas, la falta de un cocodrilo y el cofre de oro, todo, pero todo en una sola frase. ¡Guau! Ahora lo entiendo.

"Bill, muchas gracias por una lección tan clara sobre qué es la resistencia al cambio", yo le sonrío con una mueca. "¿Considerarías tú escribir un libro como una herramienta de *marketing*-publicidad?". Recuerdo el comentario de que el cambio es una puerta que se abre desde adentro.

"Te prometo que lo voy a pensar con detenimiento. ¿Nos vamos?".

*   *   *

Pedimos un par de vasos de agua mientras nos sentamos a la mesa. Bill parece estar ordenando sus pensamientos e ideas, y luego comienza a hablar.

"La persuasión es una combinación entre un análisis lógico y una presentación emocional, que se apoya y apalanca en la intuición del interlocutor". Hace una pausa y yo continúo escuchando.

"Necesitamos utilizar un par de herramientas lógicas para entender el ambiente de nuestro prospecto mejor de lo que él mismo lo entiende, para poder preparar una buena presentación. Estas herramientas son los cuatro cuadrantes del cambio y las capas de resistencia al cambio".

"¿Los cuadrantes se refieren a lo del cocodrilo y la sirena?".

"Sí, exacto. Necesitamos entender cuál es el tesoro, el cofre de oro y el cocodrilo que moverán a alguien. Y también necesitamos entender cuáles son la sirena y las muletas que los paralizan. Okey, tal vez 'paralizar' es una exageración, pero tú me entiendes a lo que me refiero".

"Entonces, construimos la matriz con lo positivo y lo negativo de cambiar y de no cambiar. Creo que ya lo tengo, lo entendí".

"Sí, hacemos esto, pero desde la perspectiva de tus prospectos".

Es simple, como el análisis FODA, mirando las fortalezas, oportunidades, debilidades y amenazas, pero con otros conceptos en mente.

"Acabas de mencionar otra herramienta, algo sobre unas capas".

"Así es, las capas de resistencia al cambio son distintos obstáculos que deben ser superados en un proceso de persuasión. Como siempre, esto es solo sentido común". Yo ya sé qué es lo que eso significa; aquí viene el abracadabra y sacará un conejo del sombrero, utilizará un proceso lógico que no se me había ocurrido, pero que tiene todo el sentido del mundo.

"Las capas primarias en cualquier cambio son tres: Qué cambiar, el problema; a qué cambiar, la solución, y cómo causar el cambio, el plan de acción". Yo sabía que era obvio. Pero ya no me engaño con esa palabrita. Muchas veces he comenzado por la solución o por el plan, antes de definir con claridad cuál era el problema a resolver.

"Cada una de estos niveles primarios o preguntas tiene más capas. Es como una cebolla, debes pelar las capas una por una, y cuando lo haces, usualmente alguien llora y huele un poco fuerte". Me da risa la analogía. Es cómico pero a la vez muy apegado a la realidad ahora que lo considero un poco más.

"Las primeras tres capas son: no tengo un problema; mi problema es diferente; mi problema está fuera de mi control o influencia". Bill se detiene y me permite asimilar lo que acaba de decir, yo interrumpo.

"No tiene sentido ponerse a discutir un problema a menos que hayamos reconocido y acordado que existe un problema en primer lugar. Ya lo tengo".

"El segundo grupo de capas son: tengo una dirección de solución distinta; la solución no abarca todo el problema; la solución puede generar otros efectos negativos".

"¿A qué te refieres con dirección de una solución?". Demasiada jerga y me pierdo.

"Por ejemplo, tú quieres convencer a tus clientes de reducir los agotados y una dirección para hacer eso es aumentar los inventarios".

"¡Eso es una locura!"

"Ya lo sé, pero sí ves que esta es una dirección posible. Sabemos que es suicida, pero puede aumentar las ventas por un rato y resolver el problema". Este ejemplo de Bill y los otros que utiliza son buenos, mirar un caso extremo me ayuda a entender mejor.

"Las últimas capas son: existen obstáculos para implementar la solución y hay un desacuerdo sobre los detalles de implementación".

"Muy astuto, la discusión no avanza más hasta que se haya tratado y superado bien la capa anterior".

"Muy bien, este era el proceso antes. Sin embargo, tú no vas a estar hablando con robots. Los seres humanos tienen emociones y ellos entienden las cosas muy rápido a través de su propia intuición cuando les hablas de un tema sobre el cual tienen mucha o suficiente experiencia".

"¿Y cómo cambia entonces el proceso?". Yo estaba fascinado con este proceso y ahora Bill me sorprende y, me dice que ya no es. ¿Qué carajo?

"No me malentiendas. Todo el trabajo que he descrito debe hacerse tal como lo mencioné. Los vendedores deben entender a sus clientes mejor de lo que ellos mismos se entienden; por lo tanto, toda la construcción lógica y detallada del problema y la solución deben llevarse a cabo".

"Y a lo que te refieres es que la presentación puede ser corta, muy concreta y que estimule la intuición de la personas al reconocer el problema y luego darle la bienvenida a la solución, ¿cierto?".

"Me tomó meses darme cuenta y armar esa lógica mi querido amigo. Pero eso mismo es lo que estoy diciendo".

"Si lo resumimos entonces, podemos decir que necesitamos entrenar a nuestros vendedores a entender exactamente cómo la rotación de inventario es una necesidad de nuestros clientes. Entonces, ellos necesitan aprender cómo mostrar con unas buenas imágenes y conceptos la frustración y el problema que es tener muy baja rotación o vueltas de inventario. A continuación proveer la esperanza y salida con nuestra solución, suministrando detalles que son factibles. Muchos prospectos estarán dispuestos e interesados en probar".

Bill se ha quedado sin palabras. Yo pensé que eso era simplemente imposible y no puedo contener mi carcajada, muy influenciada por las ventas que preveo van a venir como cascada con esta nueva forma de operar.

Yo quiero conocer más detalles. "¿Cuándo vas a entrenar a mi gente?". Yo lo observo fijamente cuando se levanta y comienza a caminar de un lado a otro por mi oficina.

"Mira Richard, la verdad es que no puedo hacer eso. No tengo el tiempo, pero es mucho mejor si yo te enseño y tú entrenas a tu gerente de ventas. Luego le acompañas en un par de visitas para que experimente el proceso de primera mano. Tú le tienes que guiar, dar *coaching*, hasta que haya tenido éxito y desarrollado la confianza que le convierta en el campeón del proceso él mismo. Luego él lidera al resto del equipo, realizando el mismo tipo de guía y *coaching* con cada uno de los vendedores". A medida que Bill va hablando, yo voy visualizando cómo vamos a ir desarrollando nuestras capacidades internas. Me gusta mucho más de esta forma.

"Me convenciste", le sonrío. "¿Podemos empezar pasado mañana? Realmente necesito evacuar más WIP de mi lista, la cual está ya mucho más corta, y a propósito, te agradezco por eso, pero no ha desaparecido aún. Hoy superó todas mis expectativas, por lejos".

"Ha sido un placer. Yo estoy muy ansioso de verte alcanzar con éxito el nuevo desempeño. Y me parece perfecto que sea pasado mañana, porque me toca viajar nuevamente en unos cuatro días y también necesito encargarme de algunas cosas antes de partir".

XIX. Ganar-ganar-ganar

HAN PASADO YA cuatro meses desde mi última sesión de entrenamiento con Bill. Por supuesto que complementado con una conversación quincenal por Skype, que ha sido un eslabón clave en mi educación. Sí, puedo llamarla una educación en cómo manejar o administrar una compañía.

Los inventarios en nuestros almacenes están en el nivel más bajo de su historia, mientras que las ventas continúan expandiéndose como incendio en época de sequía. Yo estoy de verdad sorprendido por la velocidad a la cual los clientes aceptan nuestra propuesta. Por supuesto, los más grandes quieren un piloto primero y el ciclo con ellos es más lento. Uno de los más grandes, que representaban como un 10 % de nuestra venta total, insistió en discutir precios, pero como hemos crecido bastante con muchos otros, ese cliente hoy representa solo el 3 %. En ese momento nos mantuvimos firmes en nuestro precio. Aunque yo podía ver cómo les interesaba el trato con nosotros, por insistir firmes en el descuento, se pusieron contra la pared. Al darse cuenta de que no había forma de resolverlo sin afectar su amor propio, les sugerimos que probaran con un competidor por un tiempo para que vieran si obtenían todo lo que querían y si se acercaban a nuestra promesa. Perderlos en verdad ya no fue un desastre. Hemos recuperado la mayoría de los negocios que perdimos y ahora en unas condiciones más favorables. Además, en unos tres meses más, les vamos a presentar nuestra oferta nuevamente y estoy casi seguro de que esta vez la van a aceptar y no cometerán el mismo error. ¡Es increíble lo bien que se siente ser libre!

Nuestros beneficios este trimestre van a resultar ser los mejores de nuestra historia. Y lo mejor de todo, es que nuestra posición es más fuerte que nunca. De hecho, hemos pagado por completo las deudas que teníamos pendientes el mes pasado.

Ya no tengo una lista de problemas o temas pendientes. Ya no recibo llamadas o quejas de mis clientes; este ha sido un indicador muy importante para validar las mejoras que hemos logrado. La armonía en la compañía ha crecido y me ha mostrado que estos cambios que hemos logrado son congruentes, son las cosas correctas de hacer. De vez en cuando debo encargarme de algunos problemas que surgen y que no los delego a nadie más. Pero ahora sí tengo tiempo real para pensar y planificar el futuro.

Bill llega esta tarde a la ciudad y me aceptó cenar juntos. Es mucho lo que le debo, y una cena es lo menos que puedo hacer.

* * *

"¿Qué tal tu vuelo, bien?".

"Fue del tipo de vuelos que me encanta; sin novedades". Nos sentamos y pedimos algunos aperitivos y nuestros tragos para acompañar, mientras vamos decidiendo sobre el menú.

"¿En qué andabas esta vez? ¿Otro taller para mercadear tus servicios?". Pregunto con algo de interés y queriendo iniciar nuestra conversación.

"Esta semana estaba facilitando un proceso de dos días y medio para una compañía que no tenía una oferta clara de océano azul". Ahora me asalta la curiosidad.

"¿A qué te refieres con facilitar? Tú la desarrollaste, ¿no es así?".

"¡Ah, no! Yo solo los guié a través del proceso. Tú sabes, desde los EIDE del mercado, a la nube medular de sus clientes, los supuestos y alguna exploración sobre ideas de cómo invalidar alguno de los supuestos; el proceso usual".

"¿Y qué pasó? ¿Llegaron a algo?".

Bill duda un poco antes de responder y dice, "Al principio, yo tenía una idea en mi cabeza, y también estaba al tanto de que esto mismo me podía bloquear para considerar otras ideas. Traté de olvidarla y dejar que el proceso fluyera con los insumos y aportaciones de ellos mismos".

Como la pausa dura más de lo que esperaba, pregunto nuevamente, "¿Obtuvieron o no una idea innovadora?".

"¡Claro que sí! Sin embargo, fue una experiencia bien extraña". Bill está nuevamente dudando, pero esta vez le doy todo el tiempo que necesita. Poco a poco, recupera el hilo, "Estoy tratando de entender si llegamos a esa solución simple, ahora muy obvia, con el proceso; o si por el contrario fue un chispazo de brillantez intelectual de alguien en el grupo. Solo recuerdo que teníamos cuatro ideas escritas en la pizarra, mostrando cómo podían ser beneficiosas para los clientes y qué nuevas habilidades se estaban considerando. Y cuando las discutimos, uno de ellos dijo algo, luego otro replicó otra cosa, y de pronto, ambos, simultáneamente, el CEO de la compañía y yo comprendimos que habíamos llegado a la solución que andábamos buscando. Por cierto, la idea que yo traía conmigo, no fue parte de la solución".

"¿Cómo supieron que era una buena solución cuando la vieron?". Quiero saber más acerca de estos procesos de pensamiento.

"Yo lo supe porque evaporó la nube medular de una forma muy simple y elegante. Sin embargo, tuve que ajustar o reescribir las entidades D y D' de tal forma que mostraran claramente cómo esta idea eliminaba el conflicto".

"¿Me quieres decir que no era obvio desde el principio, desde la nube original? ¿Acaso manipulaste las palabras en las nubes?". A mí no me gustan los trucos, yo solo espero que podamos tener un proceso fuerte, sólido.

"No diría manipular, claro que no. De hecho lo que hicimos fue utilizar palabras que eran más precisas para expresar el concepto genérico que estaba descrito originalmente. Por eso es que me pregunto si acaso fue el proceso o es que necesitamos otro distinto".

"Para mí está claro que la solución provino del proceso. ¡Vamos, no bromees! ¿Dos días y medio? ¡Hombre, eso es realmente increíble!". Yo no estoy tratando de alegrarle, realmente pienso que es un tiempo muy corto.

"Supongo que sí", Bill parece aún inconforme.

"¿Suponer, realmente tienes que suponerlo?", le digo sonriendo.

"No, no tengo que suponer nada, yo sé que fue un tiempo muy corto, y que seguimos el proceso. Es solo que no sé si la próxima vez tendremos éxito en volverlo a hacer".

"¡Ah, eso! Entonces ahora eres tú el que quiere certezas en la realidad," Lo molesto. Ambos soltamos la risa.

"Tienes razón, a veces hasta yo olvido mi propia medicina. Yo sé que solo podemos descubrir o aprender cosas nuevas, construyendo puentes lógicos desde el conocimiento actual que tenemos. Y también sé que muchas veces tenemos que utilizar nuestra intuición para retar nuestros supuestos, pero siempre construyendo la lógica". Levanta su vaso y exclama, "Al aprendizaje que nunca termina".

"¡Salud, amigo!".

"¿Y tú qué? Las noticias que me compartiste en tu último correo sonaban muy prometedoras", replica Bill hábilmente cambiando el tema de conversación.

"Las ventas están creciendo, los inventarios están bajos, y nuestra rentabilidad es tremendamente buena…". Bill no parece impresionado cuando dice, "Felicitaciones, pero ahora me interesa conocer los verdaderos resultados".

Estoy confundido, pensé que acababa de mencionarle los resultados. Como me quedo callado, él añade, "¿Te acuerdas de alguien que dijo estar contento pero que sin embargo…?". Me sonríe con un cierto grado de ironía.

"Sí, sí, nos estaba yendo bien en ese momento, pero yo me estaba ahogando en lo urgente. Tienes toda la razón; esos días son historia pasada y lejana para mí, y también ha pasado lo mismo con todo mi equipo de gerentes. Ahora hemos puesto una regla: apagamos las luces a las seis. Todos en la compañía parecen estar mucho más contentos".

"¡Ahora sí que estamos hablando en serio!", dice Bill con emoción, "¿No te das cuenta de que al haber alcanzado ese estado, los resultados financieros son una consecuencia? Eso mismo es lo que Goldratt mencionó en el video que te envié, el de su última aparición pública en Baltimore, en abril de 2011".

"En esa conversación, Goldratt señala el hecho de que mientras no se elimine la nube medular genérica, el conflicto seguirá erosionando las relaciones humanas en la compañía," digo, recordando lo que me pareció relevante para nuestro caso particular.

"¿Recuerdas cómo fue que empezamos este recorrido?", dice Bill, claramente disfrutando el momento.

"Comenzamos con una lista de EIDE de mi compañía. Yo recuerdo que la nube consolidada, la genérica, no tenía mucho sentido para mí al principio. Solo cuando pude ver que había una forma de superarla, entendí el significado más profundo y amplio". Resulta tragicómico que ahora me parezca obvio y de mucho sentido común algo que al principio consideraba que era solo bla, bla, bla de consultor.

"Y que se trata de eliminar el conflicto con una idea de ruptura que nos permita construir una ventaja competitiva decisiva", replica Bill con tono casual.

"¡Ah claro, solo eso!", digo con todo el sarcasmo de que soy capaz y no podemos contener la carcajada.

Bill me mira fijo ahora, y no tengo más remedio que preguntar "¿Quéee?".

"Entonces entiendo que ahora estás yéndote de la oficina temprano todos los días", dice y espera.

"¿Estás insinuando que si tengo más tiempo para la familia, es eso?". Bill asiente. "Sí, eso, y ayudar a los niños con los deberes y tener más tiempo para Marcy son definitivamente algunos de los buenos resultados de utilizar TOC", digo, a la vez que me doy cuenta de la importancia de estos hechos. "Ahora que lo pienso, últimamente mi vida familiar ha mejorado de forma significativa, y yo tengo que darle todo el crédito que se merece a las acciones que hemos estado ejecutando, guiados por los principios y herramientas de TOC".

"Me encanta escuchar eso", dice. Después de un rato, me pregunta, "¿Cuándo vas a expandir tu capacidad? ¿Ya sabes dónde y cuánto más necesitas?". El consultor implacable está de regreso.

"No lo hemos planificado aún. Con las mejoras del flujo en producción, hemos duplicado nuestra capacidad disponible. No te preocupes, no hemos despedido a nadie, hice tal como lo conversamos. Los vamos a necesitar tarde o temprano, pero aún estamos lejos de duplicar nuestras ventas".

Bill me mira fijamente y añade, "¿Cuál es el promedio de crecimiento de tus ventas en los últimos tres meses?".

"El promedio anda por el 5%," le contesto.

"Suponiendo que tú no creces más rápido que eso, que mantienes ese 5%, ¿cuántos meses necesitas para duplicar las ventas a esa tasa de crecimiento?".

"Pues supongo que unos 20. Cinco veces 20 es otro 100%". No parece estar de acuerdo, no entiendo la dificultad.

"Las personas tienen dificultad para comprender, para captar lo que significa, el impacto de la función exponencial. A una tasa del 5% vas a duplicar tus ventas en tan solo 14 meses, de los cuales ya se consumieron tres; por lo tanto, solo te quedan 11 meses para estar listo con más capacidad si no quieres deteriorar el nivel de servicio. Y considerando que necesitas por lo menos un 20% de capacidad protectiva para absorber las fluctuaciones, ahora solo te quedan unos nueve meses para llegar a un nivel del 80%".

"Si estás en lo cierto, ya es tarde; solo poder decidir las especificaciones de las nuevas máquinas y pedir las cotizaciones nos va a llevar unos tres meses". Bill está logrando asustarme y casi ponerme en pánico.

"Y fíjate que esto es solo considerando una tasa de crecimiento del 5%", agrega Bill muy tranquilo.

"¡Okey, ya veo, no hemos hecho sino regresar a las urgencias!". Sabía que esa ilusión no podía durar tanto.

"No seas tan dramático. Lo peor que puede pasar ahora es que tengas que ponerle freno a la expansión de las ventas por unos meses, forzando un 'estancamiento' a un nivel del doble o triple de la rentabilidad del mercado. Yo no diría que estás o estarás en problemas", dice Bill sonriendo.

"Además", continúa, "esta es solo la primera ventaja competitiva decisiva, y necesitas estabilizar todos los procesos antes de comenzar a pensar en la próxima. Pero ahora no es un incendio que hay que apagar o una emergencia, sino una verdadera planificación estratégica con una ejecución prudente. Solo cuando estamos altamente seguros de que va a funcionar, vas a tener tiempo suficiente para revisar y validar que las cosas tienen una base sólida para moverse".

"Este es un verdadero proceso de mejora continua", pienso en voz alta.

Bill asiente y añade, "Ese mismo es el subtítulo en la portada del libro 'La Meta'. El Dr. Goldratt siempre pensó en esos términos, con su intuición junto con trabajo duro, y algunos errores en el camino, desarrolló y formó el conocimiento hasta sus últimos días; hasta el punto que afirmaba en esos momentos haber encontrado los principios de la ciencia de la gerencia".

"Cuando hiciste la primera mención de este tema, yo busqué en YouTube, y encontré varios videos distintos. Cuando utilicé 'science of management goldratt'[14] allí encontré precisamente el video al que haces mención".

"Muchos aseguran utilizar el conocimiento científico en la gerencia, y lo hacen, pero en un sentido distinto, ¿correcto?", comenta Bill con un tono que parece estar a la defensiva.

---

14 N.T.: 'ciencia de la gerencia goldratt'.

"Estoy totalmente de acuerdo contigo. Admito que no habría llamado mi atención antes porque hay tantos diciendo exactamente lo mismo, que tienen un enfoque científico de la gerencia".

Bill se muestra muy interesado. Entonces, "¿cuál es la diferencia para ti ahora que conoces TOC?".

"La gran diferencia es que yo he probado e intentado muchos enfoques. Y con los cuatro pilares, más las herramientas, se provee un marco que es realmente genérico y aplicable a cualquier organización. Ahora que he tenido la experiencia, entiendo lo que significa la simplicidad inherente, y cómo todos los conflictos pueden solucionarse. Claro, por supuesto que no debo olvidar, 'nunca decir Yo Sé' es algo que me ha abierto nuevos horizontes de pensamiento".

"¿Y qué opinas de que 'las personas son buenas'"?, dice Bill, como si estuviese evaluando un examen.

"Incluso ese ha sido como una bocanada de aire fresco. Ya no salto a culpar a nadie como acto reflejo, pero eso no significa que todo el mundo se comporta alineado con la compañía. En los últimos dos meses hemos tenido que dejar ir unas pocas personas porque no se pudieron ajustar a la nueva cultura. Simplemente no fueron capaces. Les dimos todas las oportunidades, el entrenamiento, la guía, el *coaching*. Pero nos dimos cuenta de que nuestras nuevas formas de operar no eran para ellos, y continuar pidiéndoles que cambiaran era presionarlos más dentro del conflicto. Ellos van a estar más a gusto en algún otro lugar, pero no dudo de que son buenas personas".

"Sí, eso es así; en TOC nunca decimos que los despidos estén prohibidos. Solo decimos que la compañía no debe usarlos como medio para mejorar sus resultados".

Bill solo está reforzando lo que ya hemos discutido numerosas veces cuando se liberaba capacidad en producción muy rápidamente, y me siento apoyado. Tuve que soportar un alto grado de presión de la junta directiva para que sacara gente, mientras les explicaba que no sería una movida inteligente sacar a las personas que nos acababan de ayudar a mejorar. No fue un proceso libre de roces y tropiezos, pero mi decisión prevaleció.

"Tal y como me lo dijiste, la lealtad es una calle de doble vía".

"Yo le aprendí eso al Dr. Goldratt", dice Bill, sin darse crédito por la idea.

"Aún recuerdo la primera conversación, cuando comenzaste a hacer preguntas y utilizar palabras como conflictos o temores. Te puedo decir ahora que yo estuve al borde de parar todo por esas palabras".

"Yo me di cuenta y suavicé mi lenguaje un poco. ¿Y qué piensas al respecto ahora?".

"Tras haber visto el video varias veces, entiendo bien ahora cómo las nubes fueron las herramientas que nos permiten lidiar con el miedo a los conflictos y las luchas de tira y afloja en la compañía. El concepto de la simplicidad inherente fue un enfoque claro para manejar y resolver el miedo a la complejidad. Pero quiero entender mucho mejor cómo TOC nos ayuda a resolver el manejo del miedo a la incertidumbre". Pienso que lo entiendo, pero me gustaría escuchar cuál es la explicación de Bill.

"Bueno, eso es interesante, especialmente cuando uno observa todos los esfuerzos y la cantidad de información que se dedica solo a tratar de reducir la incertidumbre, como por ejemplo mejores sistemas de pronósticos".

Levanta su copa para tomar un sorbo de vino, yo aprovecho para añadir, "Yo me sentí mucho mejor cuando compramos el software para mejorar nuestros pronósticos, y ahora entiendo lo equivocado que estaba. Eso resultó ser solo un espejismo".

"La peor manifestación de este miedo es la tendencia a querer controlar absolutamente todo, y al hacerlo interrumpir el flujo natural de las cosas. Por ejemplo, ¿cómo era tu control de la producción antes y cómo es ahora?".

"Antes teníamos la ilusión de planificar cada máquina u operación en la planta de producción, a sabiendas que esos planes cambian con mucha frecuencia. Ahora que sabemos que no podemos hacerlo con ese nivel de detalle, las instrucciones son mucho más simples; solo trabajar cuando las órdenes te lleguen a tu estación, y solo utilizar los colores para decidir las prioridades". Me doy cuenta de lo obvio que me resulta cuando estoy diciendo estas cosas ahora.

"¿Y cómo decides qué órdenes liberar para la planta de producción?".

"Ahora solo liberamos trabajo y material, para mantener nuestros amortiguadores completos", respondo.

Bill entonces dice, "Ya lo ves, esos amortiguadores están allí para absorber la incertidumbre que proviene de las fluctuaciones en la demanda. En lugar de tratar de adivinar cuánto serán las ventas, TOC propone colocar los amortiguadores en los puntos de máxima agregación posible".

"Por lo tanto, en lugar de tratar de ser más precisos que el ruido, solo construimos y colocamos amortiguadores que nos preparan para enfrentar lo incierto: inventarios, efectivo y capacidad protectiva". Eso es lo que pensé que era todo este tema, pero solo quería estar seguro de que no se me pasara nada por alto.

"Esos son básicamente, así es. El principio es construir un amortiguador siempre que tengas que enfrentar la incertidumbre. Este principio fue esbozado por Goldratt con las tres leyes de la buena gerencia: primera regla: ser paranoico, segunda regla: ser paranoico", me río y digo con ironía, "¿Acaso la tercera es ser paranoico?".

"¡No, la tercera regla es no seas histérico!", Bill se ríe y ya más serio añade, "No ser histérico significa que uno debe construir el amortiguador más pequeño que se pueda y que te dé tranquilidad. Ser paranoico significa el mirar todo lo que hoy es indeseable y encontrar una buena solución. Pero una vez hecho esto, antes de implementar la solución, revisar todos los riesgos previsibles del éxito, estar preparados y pensar en cómo evitarlos".

"Ahora veo con claridad por qué llamas a TOC la ciencia de la gerencia", le comento.

"Yo diría que TOC es la aplicación práctica de la ciencia de la gerencia. A mí me gusta pensar que es una metodología que ayuda a los gerentes a eliminar las fuentes de lo urgente para que ellos puedan realmente enfocarse en lo importante", Bill recuerda el primer mensaje de correo electrónico que lo comenzó todo.

"Y realmente lo logra. Por cierto, Bill, le he dicho a nuestra junta directiva que tú has sido quien nos ha ayudado y guiado en estos últimos meses, y ya me aprobaron el pago por lo que yo pensé sería lo justo. Necesito solo que me mandes una factura por ese monto que ya he transferido a tu cuenta antes de venir a esta cena, que corresponde al 20% de la utilidad adicional que generamos en este último trimestre". Yo sabía que Bill no me cobraría ni un céntimo y a mí no me gusta aprovecharme indebidamente, por lo que le hice la transferencia antes de que pudiera chistar.

"Muchas gracias, no era necesario, pero lo aprecio y ciertamente ayuda", dice con una sonrisa. "¿Sabes lo que realmente me gustaría que hicieras? Por favor, escribe algo que cuente tu historia y lo que has hecho. Tal vez tendrá un mayor impacto viniendo de un presidente de compañía, un CEO".

"Okey, entonces piensas que ahora debo tener el tiempo para escribir artículos, y ya no tengo excusas, ¿no?", le increpo con ganas de provocarlo.

"¿Artículos? ¿Y por qué no un libro?". Bill siempre un paso por delante.

"¿Sabes qué?, grabé todas nuestras sesiones y reuniones. Yo puedo escribir los capítulos introductorios y tú haces el resto", le digo sonriendo.

"Me parece justo".

Terminamos nuestros postres y nos vamos.

* * *

Llevo a Bill a su casa, porque se vino en taxi. En el automóvil, me da otra sorpresa.

"Para sostener y construir sobre la base que ya has creado en tu compañía ahora, vas a necesitar una herramienta para la comunicación, la sincronización y el enfoque de todos. Utilizamos para ese fin los árboles de estrategia y táctica, o E&T", dice cuando está subiéndose.

"¿Acaso este es otro de los árboles lógicos? Yo pensé que ya habíamos cubierto todas las herramientas de pensamiento". Me lleno de ansiedad con lo que parece más complejo.

"Es una herramienta lógica, se utiliza para organizar todo el conocimiento relevante y necesario de forma jerárquica, partiendo desde lo más general en la parte alta, y construyendo los detalles en los distintos niveles más bajos", replica.

"¿Tengo que escribir uno para nosotros?". Quiero saber ya si esto va a representar mucho más trabajo para mí.

"Ah, no, no. Tú solo necesitas utilizar uno de los genéricos que ya están escritos, y podemos discutirlo para ver si le queda bien ajustado a tu compañía o si necesita algunas adaptaciones menores".

Me siento aliviado, y ahora me picó el interés por ese tema de la sincronización. "Tú dijiste que el árbol de E&T es para la comunicación y la sincronización".

"Y enfoque", añade, "para comprender mejor esta herramienta, primero necesitamos definir qué es estrategia y qué es táctica. ¿Tienes alguna idea de qué son?", pregunta Bill. Ya aprendí que trabajar desde las preguntas es mucho mejor que recibir solo respuestas.

"Esos son principalmente términos de origen militar, pero en los negocios los utilizamos para explicar cuáles son las ideas que proveen dirección. La estrategia es el largo plazo y el objetivo de alto nivel, y la forma de obtenerlo. Las tácticas son de niveles más bajos y planes de acción más detallados".

"No tan rápido. Goldratt muy frecuentemente contaba la historia sobre cómo Einstein definió el tiempo, para poder explicar su Teoría de la relatividad. Einstein decía 'Tiempo es esa cosa que medimos con un reloj'", dice Bill. "De la misma manera, Eli se vio en la necesidad de tener que definir primero los términos para estrategia y táctica antes de utilizarlos en sus árboles de E&T, lo cual hizo de la siguiente manera: Estrategia se define como la respuesta a la pregunta '¿Para qué?' y la táctica es la respuesta a la pregunta '¿Cómo?'".

"Muy simple y preciso", comento.

"¿Lo ves? Tú puedes ahora contestar esas preguntas a cualquier nivel de detalle que se requiera, y siempre estarán definidas como un par. La primera estrategia es siempre la misma: Alcanzar un estado donde la compañía está generando más y más valor a todas las partes interesadas[15]; empleados, clientes y los accionistas, en ese orden. En otras palabras, crecimiento sostenible y estable".

"Comparado con nuestra situación hace unos cinco meses, yo diría que ahora estamos en la dirección y vía correcta". Me agrada la definición propuesta, y puedo adivinar la táctica. "Si recuerdo bien, tú mencionaste la táctica cuando estábamos discutiendo nuestro conflicto genérico. Construir una ventaja competitiva decisiva, y las capacidades para capitalizar en ella, en mercados lo suficientemente grandes, sin agotar los recursos y sin correr riesgos reales".

"¡Muy bien! Eres un buen estudiante y muy dedicado, como de costumbre".

"Tal y como te lo comenté, todas nuestras conversaciones y sesiones las grabé y las reviso con frecuencia. ¿De dónde puedo obtener mi árbol de E&T genérico?".

---

15   N.T.: *Stakeholders,* en el original.

Apenas le pregunto, Bill toma su teléfono y dice, "Te estoy enviando ahora mismo un email con el enlace al sitio web, http://www.harmonytoc.com, allí te puedes inscribir y descargar gratis el software lector Harmony. Este programa es para leer los árboles que ya están escritos. Tiene una biblioteca de los árboles genéricos. El que debes bajar y estudiar es el de Bienes de consumo[16]".

"Muy bien, mi querido amigo, realmente eres un caballero y un erudito. Muchas gracias nuevamente", le digo justo cuando estoy estacionando en frente de su casa.

"Fue todo un placer. No se te olvide enviarme las grabaciones y tu borrador para los primeros capítulos. Muchas gracias por traerme, estamos al habla pronto, chao".

"Seguro, estamos en contacto".

---

16 N.T.: *Consumer goods,* en el original.

XX. Para qué son los amigos

"QUÉ AGRADABLE SORPRESA mi amigo, y yo que pensaba que vivías en tu oficina", Me place ver nuevamente a Tom, han sido ya varios meses desde la última vez que nos tomamos unas cervezas.

"Ya sabes cómo es, uno nunca tiene cómo aburrirse en el trabajo", dice Tom, mientras estamos pidiendo nuestras cervezas y un tártar con tostadas.

"La verdad es que no tengo ni idea, ¿por qué no me lo explicas?", le pregunto en tono casual.

"¡Vamos, no juegues! Tú con toda seguridad tienes que apagar muchos más incendios que yo; después de todo, yo solo tengo que decidir si acepto el pedido o no. Tú debes decidir qué producir, y estimar la demanda futura".

Tom tiene razón, mi situación anterior era probablemente mucho peor que la suya, y ahora es distinto porque ya no tengo emergencias en el trabajo.

"Tom, ¿qué crees tú que son las causas de tus incendios?". Tom luce sorprendido y dice, "Oye, estás hablando casi igual a Bill. ¡No me digas ahora que ya te lavó el cerebro!".

Me río con gusto recordando lo escéptico que yo mismo fui. "He estado probando algunas cosas nuevas y han funcionado de maravilla para mí. Y sí, es correcto, Bill me ayudó con algunos procesos basados en TOC. ¿Pero qué quisiste decir? ¿Tienes alguna idea de lo que se trata eso de TOC?".

"Bill hizo el intento de venderme eso una vez y estuvo hablando de árboles y nubes. Yo no le presté atención en ese momento porque la verdad es que no tenía tiempo para discusiones teóricas. Yo hice mis averiguaciones y vi que no era un tema que nadie mencionara o que conocieran mucho al respecto".

Me parece estar viéndome en un espejo, a mi propio reflejo, hace unos meses. Si solo Tom supiera lo que yo sé ahora. "Tom, ¿estás juzgando esto basado en lo que la mayoría está diciendo?".

"Definitivamente es una forma de hacerlo, de otra forma no tendría tiempo para nada más excepto para estar examinando cada nueva teoría de gerencia en detalle".

"¿Tomarías mi palabra en cuenta si te digo que realmente vale la pena probar una sesión completa?".

"Entonces, estás hablando en serio. ¿Qué resultados lograste obtener?".

"Suficientemente buenos como para estar recomendándote que pruebes". Ya veo que la cerradura interna es realmente difícil de abrir.

"Pues lo voy a pensar".

* * *

"Bill, hola, te estoy llamando porque necesito tu ayuda para persuadir a Tom. Tuvimos una discusión informal y admitió que tiene muchos incendios y emergencias en el trabajo. Yo creo que se está ahogando en lo urgente. ¿Cuándo crees que podrías tener una primera sesión con él?".

"Richard, me da mucho gusto que me hayas llamado por esto. Yo no quiero hacerlo". Esa respuesta fue inesperada y me deja contrariado.

"¿Qué quieres decir con que tú no quieres? ¿Acaso no quieres ayudar a Tom?". No lo puedo creer.

"Todo lo contrario. Richard, tú eres un candidato mucho mejor que yo para ayudarle, especialmente después de toda la experiencia que has acumulado". Bill parece estar hablando muy en serio.

"¡Oye, yo no tengo la experiencia, o el conocimiento!". Trato de reclamar y protestar.

"¿En serio? ¿Quién está entrenando a todos tus equipos internos de la compañía?".

"Yo, pero eso es diferente", realmente pienso que es una mala idea.

"Mira, tienes todas las grabaciones, y la experiencia de lo que sucedió en tu caso, y has estado mejorando tus habilidades en TOC sustancialmente en los últimos meses. No te inventes excusas".

Pues se me acabaron las excusas.

"Además", insiste Bill, "cuando tú entregas conocimiento, vas a recibir más conocimiento a cambio. Hazlo por tu propio beneficio".

"Entonces, tú no quieres ayudar". Le disparo mi último cartucho.

"Yo no dije nada de eso, Richard. Yo siempre voy a estar disponible. Sin embargo, tú desconoces tus verdaderas capacidades y habilidades, ¿no te parece? ¿Cuál crees que sea tu propio límite?".

"Yo me imagino que ni siquiera el cielo es el límite", digo con una sonrisa.

"Ah, muy bien, usando la frase de cierre de ¿Qué, no es obvio?, de lo más apropiado".

"Okey, yo me encargo, yo lo hago".

"Richard, por favor no se te olvide escribir los primeros capítulos que acordamos, ahora que accedí a escribir tu libro, necesito tu colaboración".

XXI. Enfoque

"MUCHAS GRACIAS POR abrir este espacio de tiempo en tu agenda", sé cómo se debe sentir Tom con mi insistencia a que discutamos sus problemas desde la perspectiva de la Teoría Goldratt.

"Por el contrario, muchas gracias por venir. A mí me sorprende que tengas el tiempo para dedicárnoslo".

"Mira Tom, si yo no pudiese venir a una reunión contigo, estaría en serios problemas".

"¿Y cómo así, por qué lo dices? Pero antes de que contestes, ¿un café, un refresco?".

"Solo agua para mí, gracias". Mientras Tom pide el agua y el té, yo trato de organizar mis pensamientos en una frase precisa y buena.

"Si yo no tengo tiempo disponible, solo significa que no puedo hacer todo lo que se supone que debo hacer". Aprendí esta lección a las malas.

"Pero con seguridad siempre tienes cosas a qué dedicarle tu tiempo en la oficina, ¿cierto?".

"¡Por supuesto, yo siempre puedo encontrar algo qué hacer! Eso no significa que debería hacerlo". Advierto la extraña mirada de Tom en este instante.

"¿Quéee?".

"Escucha, yo he aprendido que la palabra clave es Enfoque". Espero que estas palabras se asienten en su mente.

"Pues claro, eso es obvio. Yo pienso que estoy enfocando mi atención en obtener los mejores resultados posibles".

"¿Y realmente lo estás haciendo?". Tal vez la cerradura en la puerta de Tom es de doble barril, y trato de provocarlo un poco.

"¿A qué te refieres? ¡Por supuesto que lo estoy haciendo!".

"Tú me has dado suficientes hechos acerca de tu compañía. ¿Quieres escuchar algunas de mis conclusiones?". En caso de que no quiera, ya aprendí que es mejor esperar. A estas alturas espero por lo menos haber picado su curiosidad.

"Adelante, mago".

"Como me has dicho que hay muchas cosas en tu lista de pendientes, hasta el punto que no las puedes terminar todas a diario, yo me atrevo a decir que enfrentas muchos problemas urgentes". Quiero empezar con paso firme y seguro.

"Sí, ¿y dónde está la gran adivinanza? Eso es lo que ocurre con todos los gerentes generales, ¿no crees?". No voy a caer en la trampa de desviarme de la conversación a una sesión de quejas y lamentos.

"Gracias, y desde aquí podemos concluir que tú tienes que lidiar con muchos conflictos internos, como por ejemplo entre ventas y producción, o entre ventas y finanzas, o entre finanzas y logística". Tan pronto estoy diciendo esto, percibo que Tom empieza a impacientarse.

"¿Hay algo de nuevo en tus conclusiones? Porque, hasta donde he podido ver, aún no hay luz al final del túnel". Bien, me recuerdo que 'obvio' es el mejor cumplido para un razonamiento correcto.

"Mi afirmación es que al eliminar todos esos conflictos internos, tu compañía tendrá un nivel tal de armonía que los resultados financieros vendrán, se producirán como una consecuencia lógica". Antes de que pueda intervenir, me apresuro a añadir, "Y mientras todos estos conflictos continúen existiendo, tú seguirás atrapado en lo urgente, trabajando muy duro para lograr un resultado promedio". Ahora sí espero una reacción, pero no me esperaba que Tom se quedara callado y sumergido en sus pensamientos. Espero. Instantes después, Tom vuelve a emitir palabra, pero en un tono de voz más suave, como si me estuviera susurrando un secreto.

"Tú puedes pensar ahora que yo considero eso muy blando y sin importancia. Sin embargo, me acabas de recordar un seminario al que asistí hace como un par de años sobre la teoría de Stephen Covey; ya sabes, el libro famoso suyo, *Los siete hábitos de las personas altamente efectivas*".

"Sí lo recuerdo, muy buen libro y muy en la línea con lo que estoy diciendo".

"¡Exactamente! Y después del seminario yo pensé capacitar a toda nuestra gente. Hicimos algunos esfuerzos, y obtuvimos algunos resultados también. Pero los conflictos regresaron, y yo sé que no puedo culpar a mi gente, pero no me cuadra por qué debemos tener que estar cada seis meses volviendo a entrenar a las personas solo para regresar al punto de partida cada vez".

"No me esperaba, ni sabía que tenías ese grado de claridad acerca del problema real. Yo no lo tenía así de claro cuando comencé. En tu caso entonces, es mucho mejor de lo que pensé". Tom se está callado y esperando como si supiera que vienen buenas noticias.

"Lo que he aprendido en estos últimos seis meses es que la Teoría Goldratt trata de las personas. Es todo acerca de desarrollar a las personas y liberar todo su verdadero potencial, y se trata de mejorar significativamente las relaciones entre las personas en la compañía". Este entendimiento refresca mi mente como lo hace mi garganta seca al recibir un sorbo de agua fría. Tom luce dubitativo.

"Yo pensé que esa historia de TOC se trataba de mejorar la productividad".

"Sí lo es, pero para mí es ahora la productividad vista desde un concepto mucho más profundo y amplio. El significado de eliminar los conflictos internos va mucho más allá de solo traer algo de paz con transigencias o soluciones a medias. Se trata de crear una situación donde los proveedores y los clientes están realmente satisfechos con la relación que tienen con la compañía, la cual es solo un reflejo de lo mucho mejor que es la armonía interna en la compañía. En esta situación, con toda certeza, los resultados financieros vienen, se generan como consecuencia de esa mejora". Hasta imité el tono de voz que le escuché a Eli utilizar sobre este mismo tema, en el video de su última aparición pública en Baltimore.

"Si yo no lo supiera, casi podría decir que estás vendiéndome. Pero yo sé los problemas que tú tenías en el pasado y sí creo que vale la pena explorar más de esto que aparentemente te ha funcionado tan bien en tu caso". ¡Guau!, por fin. Acabamos de dejar atrás la primera capa; sigamos adelante para ponernos de acuerdo en la dirección de la solución, pero no hoy.

"Apenas acabamos de comenzar. Yo estoy recién mejorando más y más las capacidades de mi gente. Estamos aprendiendo cómo convertir los 'motores de discordia' en motores de armonía". Cuando digo esto, me doy cuenta de que sonó a jerga y receta de chamán y estudio la cara de Tom.

"Yo no conozco la jerga de TOC. ¿Me puedes explicar un poco más acerca de esos dichosos motores?". Bueno, menos mal, Tom lo tomó de la mejor forma posible, ahora solo me resta contarle lo que sé al respecto, que es lo mismo que decir, no mucho.

"Estoy recién aprendiendo todo esto, y no es lo primero que se debe hacer. Cuando se comienza el análisis, verás que el enfoque es sobre las cosas prácticas, como por ejemplo mejorar el desempeño de tus entregas a tiempo, y reducir los tiempos de respuesta," le cuento y Tom me interrumpe.

"¡Eso suena fantástico! Yo estaría encantado con solo mejorar esos dos aspectos". Me sonríe por primera vez en mucho rato.

"¡Apuesto que sí!," se siente bien que podamos relajarnos un poco ahora. "Pero te puedo dar un resumen a vuelo de pájaro sobre estos motores, como les llamó el Dr. Goldratt". Tomo un poco más de mi agua, ganando unos valiosos segundos antes de comenzar a hablar otra vez.

"Una de las cosas que genera la discordia es la desalineación entre la autoridad y la responsabilidad", a Tom se le arruga la cara, yo lo ignoro y sigo hablando, "no te preocupes, ya verás que esto es real. Y utilizamos ahora una herramienta para detectar y corregir todas esas desalineaciones". Tom está escuchando atentamente, como si quisiera aplacar una sed profunda, como la que yo mismo tenía hace meses atrás.

"Otras fuentes de discordia provienen de no saber cómo yo contribuyo a la compañía y no saber cómo los demás contribuyen a la compañía". Otra vez una frente arrugada con signo de interrogación. "Tom, como presidentes o gerentes, no nos damos cuenta hasta qué punto las personas en las jerarquías inferiores están en esta situación. El hecho de que nosotros podamos responder esas preguntas con facilidad no significa que todos los demás pueden hacerlo tan fácilmente. Pero si podemos darles los porqué de las cosas que ellos tienen que hacer, empezamos a depender de personas mucho más empoderadas y capaces. Ellos crecen con TOC a medida que comienzan a pensar con mayor claridad en lugar de solo estar cumpliendo instrucciones". No creo que a estas alturas Tom esté entendiendo todo, pero él lo pidió.

"Yo he visto que al empoderar a las personas y enfocar a todos en una sola gran iniciativa, nosotros, el equipo gerencial, hemos podido liberar una gran cantidad de tiempo y hemos aumentado nuestra capacidad". Probablemente, él no entiende ahora el significado de elevar la restricción, pero ya lo hará a su debido tiempo.

"La inercia es otra de las cosas que puede hacernos tropezar. Pero ahora, con las personas realmente pensando, estamos alertas a cuando se requiere un cambio en los procesos porque las condiciones de la realidad han cambiado. Y por supuesto, hemos introducido la práctica y utilización más y más de las herramientas de pensamiento para evaporar las nubes de conflicto".

"¿Que queeeé? ¿Evaporar qué cosas?". La cara de Tom es un poema, ahora sí está realmente confundido.

"No te preocupes. Ya verás que todo es realmente simple. Esto es lo que te puedo decir por ahora. Para la primera sesión necesitamos unas tres a cuatro horas sin interrupciones, así comenzamos".

"¡Tres horas!", cuando dice esto, yo le sonrío, acordándome de mi propia reacción cuando Bill me pidió lo mismo. "Yo tengo disponibilidad para el próximo miércoles en la mañana, ¿te sirve a ti ese día y hora?", replica mirando su laptop.

"Perfecto, aquí estaré".

XXII. Solo estamos empezando

"¡VAMOS, NO TE pases!, no tienes por qué exagerar, Richard", Tom está caminando de un lado para otro de mi oficina, cuando aparece Bill en mi puerta. Lo llamamos hace como una hora, cuando nuestra discusión se desvió por las profundidades filosóficas.

"¿Qué es lo que este payaso te ha estado diciendo?". Bill entra y se sirve una de las botellas de agua, nos mira con gesto divertido en el rostro, al contemplar la escena.

"Yo le decía a Tom que toda esta historia de la Teoría Goldratt y lo de la ciencia de la gerencia me hizo preguntarme si es posible decir que Goldratt realmente logró construir una formulación simple para administrar cualquier organización". Yo no puedo ocultar mi emoción y veo que Bill está ahora realmente sorprendido.

"¿Qué es lo que quieres decir, a qué te refieres? La Teoría Goldratt se basa en el concepto de la simplicidad inherente que existe en cualquier sistema u organización. ¿Estás diciendo que hay implicaciones más profundas?". Bill es cauteloso y ya aprendí que no se lanza con afirmaciones que estén soportadas en especulaciones.

"Mira, después de dos meses de implementar algunas ideas, Tom ya ha resuelto la mayoría de sus problemas, perdón, sus efectos indeseables, los EIDE. Él está muy cerca en estos momentos de entregar el 100% a tiempo, mientras que la competencia está al 80% o menos. Está muy claro que la entrega a tiempo, la confiabilidad elevada, es una necesidad significativa de sus mercados. Entonces, ya ha construido una ventaja competitiva decisiva al alcanzar esos altos niveles de servicio. Hoy estamos pensando en cómo capitalizar sobre esta ventaja tan fantástica".

Bill no se inmuta con todo esto. No me sorprende; él me envió el árbol de estrategia y táctica genérico que se ajusta a la compañía de Tom. Como parece que no está entendiendo, sigo adelante.

"¿Es que no lo ves acaso? Yo fui capaz de resolver la mayoría de mis problemas en semanas con ideas muy simples. Ahora, Tom puede hacer lo mismo en unas pocas semanas también. Yo he estado pensando que estos no pueden ser casos aislados".

Ahora, Bill parece estar mostrando señales de emocionarse. "Y considerando todos los años que tú y Tom han estado tratando de resolver los mismos problemas, tratando con muchos enfoques distintos, y como me contaron, con logros y éxitos limitados, piensas que TOC es especial".

"Yo creo que TOC es mucho más que especial. Volví a ver el video de YouTube acerca de la ciencia de la gerencia y probablemente Goldratt encontró las tres variables que se necesitan controlar o administrar en cualquier organización: flujo, incertidumbre y las relaciones humanas. No solo eso, sino que además estableció la formulación simple que muestra cómo están relacionadas las tres entre sí...".

"¡...Y ahora, tenemos en nuestras manos los principios para administrar cualquier organización de una forma muy simple!" Bill salta de su silla como si de pronto se hubiese despertado. "Lo que habéis hecho en vuestras compañías es solo una aplicación de estos principios. Ahora mismo, Tom está utilizando una aplicación de los mismos principios. ¡Asombroso!". Casi se puede escuchar el cerebro de Bill ahora a toda velocidad.

"Odio interrumpir este diálogo tan fascinante", interviene Tom, "pero necesitamos desarrollar algunas cosas más acá, como una oferta y cómo venderla, ¿se acuerdan?".

"Por supuesto Tom, es solo que caer en cuenta de esto y sus implicaciones..., fíjate, esto puede cambiar la disciplina de la gerencia para siempre", digo.

"Tienes razón, Richard, esto es tan importante que necesitamos dedicarle suficiente tiempo y esfuerzo para entenderlo formalmente y poder identificar qué es lo que está mal con las teorías anteriores de la gerencia, las cuales claramente no han resuelto aún los problemas organizacionales que vosotros dos habéis sido capaces de resolver con éxito en tan corto tiempo".

"Listo, es un trato. Vamos a programarnos después unas sesiones de trabajo específicas para ese tema. Ahora enfoquémonos en el caso de Tom". Cuando estoy diciendo esto, ambos asienten y Tom sonríe de oreja a oreja porque ahora son dos los amigos que tiene trabajando para él.

Estoy seguro de que a ambos nos irá muy bien en el futuro, y también siento que esto es solo el comienzo.

Lean Six Sigma. Sistema de gestión para liderar empresas

Luis Socconini, Carlo Reato

Lean Company. Más allá de la manufactura

Luis Socconini

Lean Six Sigma Green Belt, paso a paso

Luis Socconini, Eduardo Escobedo

Lean Energy 4.0. Guía de Implementación

Luis Socconini, Juan Pablo Martín

Lean Manufacturing. Paso a paso

Luis Socconini

Lean Six Sigma White Belt. Manual de certificación

Luis Socconini

Lean Six Sigma Yellow Belt. Manual de certificación

Luis Socconini

Lean Six Sigma Green Belt. Manual de certificación

Luis Socconini

Lean Six Sigma Black Belt. Manual de certificación

Luis Socconini

MARGE BOOKS

Brutau, 160 – 08203 Sabadell (Barcelona) – Tel. +34-931 429 486 – marge@margebooks.com – www.margebooks.com

Plan de marketing. Diseño, implementación y control

Ricardo Hoyos Ballesteros

Cómo gestionar la cadena de suministo

Ed Weenk

Economía circular. Un enfoque práctico para transformar los modelos empresariales

Rozanne Henzen, Ed Weenk

Manual de estrategia de operaciones

Ángel Caja Corral

Gestión de inventarios. Métodos cuantitativos

Marco Espejo González

Manual del comercio electrónico

Eva María Hernández Ramos, Luis Carlos Hernández Barrueco

Competencias directivas

Llorenç Guilera

Indicadores económicos en el comercio Internacional

Òscar Mascarilla Miró

Productos y servicios inteligentes y sostenibles

Llorenç Guilera, Antoni Carrell